マザー・テレサ　愛の花束

身近な小さなことに誠実に、親切に

中井俊已

PHP文庫

○本表紙図柄＝ロゼッタ・ストーン（大英博物館蔵）
○本表紙デザイン＋紋章＝上田晃郷

発刊に寄せて

マザー・テレサについては、今までにも数多くの本が日本語で出版されています。この『マザー・テレサ 愛の花束』は、さして、新しい事実を述べた本ではありません。

この本の特徴は、マザーが生前なさったこと、考えていらしたこと、マザーの生き方を、今日、日本で生きている私たちが、日常生活の中でどのように実行できるかを、平易に述べているところにあります。

死後六年という異例の早さで、今年の十月に列福《れつぷく》されるマザーは、たしかに偉大な人でした。「私はマザーと違うから、私にはできない」と考えがちな私たちに、この本は、「いいえ、あなたにもできますよ」という、マザーからのメッセージを伝えています。

短い文章で書かれているので読みやすい本です。マザーの「愛の学校の教科書」として、一家に一冊備え、子どもと共に大人も読み、読むだけでなく実行してはどうでしょう。実行する勇気を与えてくれる本でもあります。

二〇〇三年九月

ノートルダム清心学園理事長　渡辺和子

はじめに

二〇〇三年十月十九日、「神の愛の宣教者会」創立者マザー・テレサが、ローマの聖ペトロ広場で列福されました。一九九七年九月五日に帰天してからわずか六年という、近代教会史上、最短期間での列福です。

彼女はその生存中から世界中の人に慕われ、尊敬された人でした。宗教、民族、年齢、性別、社会的地位などにいっさい関わりなく、愛を必要とする人に自らの手を差し伸べた人でした。たった一人で起こしたその小さなおこないは、世界中に広がる大きな活動となりました。

「私があなたがたを愛したように、あなたがたも互いに愛し合いなさい」

このイエス・キリストの言葉を実践し、生き抜いた彼女に対して、その死後も多くの賛辞が寄せられ続けています。

彼女の活動に感激し、コルカタに行って手伝いたいという人は今も後を絶ちません。

けれども、そのようにコルカタへのボランティアを申し出た日本の学生たちに、マザー・テレサは、こう言ったことがあります。

「わざわざコルカタまで来なくても、あなたがたの〝周辺のコルカタ〟で働く人になってください」

すなわち、今自分が置かれた場所で、各々が自分にできることをするように願っていたのです。

マザー・テレサは、物質的に貧しい人よりも精神的に貧しい人の方が、今日の社会ではより深刻な問題だと考えていました。

私たちの住む日本にも、精神的に疲れ、愛に飢え、人間としての尊厳を失っている〝貧しい人〟がたくさんいます。

彼女はまず、そのような人々の孤独や愛に対する飢えに気づき、手を差し伸べてほしいと願っていたのです。

「あなたの身近な小さなことに誠実に、親切になってください」

マザー・テレサが行く先々で口にしたこの言葉は、まさに私が属する同じカトリック教会の属人区オプス・デイの精神でもあります。

オプス・デイの創立者で、マザー・テレサに先立って二〇〇二年十月六日に列聖された聖ホセマリア・エスクリバーの精神とマザー・テレサの精神は、外面上の違いはあれ、その内面は驚くほど似ています。

このことは数年前、別府市にある神の愛の宣教者会でミサや講話をおこなってきたオプス・デイの神父や、神の愛の宣教者会のシスターがたに教えられ、初めて気づいたことでした。

また、二〇〇二年十月、マザー・テレサの列福列聖請願者である神の愛の宣教者会のブライアン神父の証言文章、「福者ホセマリアとマザー・テレサ」がインターネットを通して公《おおやけ》にされ、これによってもさらに確信を深めています。

著者である私は、一度もマザー・テレサに会ったことはありませんし、インドに行ったこともありません。恐らくほとんどの読者のみなさまと同じ立場にあります。

それでも、マザー・テレサから、私は多くのことを教えていただきました。そして、マザー・テレサの教えは、私たちの日常生活にも役立つものだと知りました。たとえ、インドに行って貧しい人のために尽くすことができなくても、私たちがマザー・テレサの言葉やおこないに習うことができるとわかりました。

この本は、宗教・信仰を問わず、私たち日本人がマザー・テレサの愛に学び、心豊かに生きるために著したものです。

私たちも求める気持ちさえあれば、天国のマザー・テレサからたくさんの大切なことを学ぶことができるのではないでしょうか。

マザー・テレサ　愛の花束＊目次

第1章　マザー・テレサと愛を学ぶ

第2章 マザー・テレサのおこないに愛を学ぶ

第3章 マザー・テレサの言葉に愛を学ぶ

第4章 マザー・テレサの生涯に愛を学ぶ

第5章 マザー・テレサの祈りに愛を学ぶ

写真提供——毎日新聞社
ロイター＝共同
ＵＰＩ／ＡＦＬＯ

※左記の都市名は、二〇〇七年現在の
正式名称へ改めました。
カルカッタ→コルカタ
ボンベイ→ムンバイ

第1章

マザー・テレサと愛を学ぶ

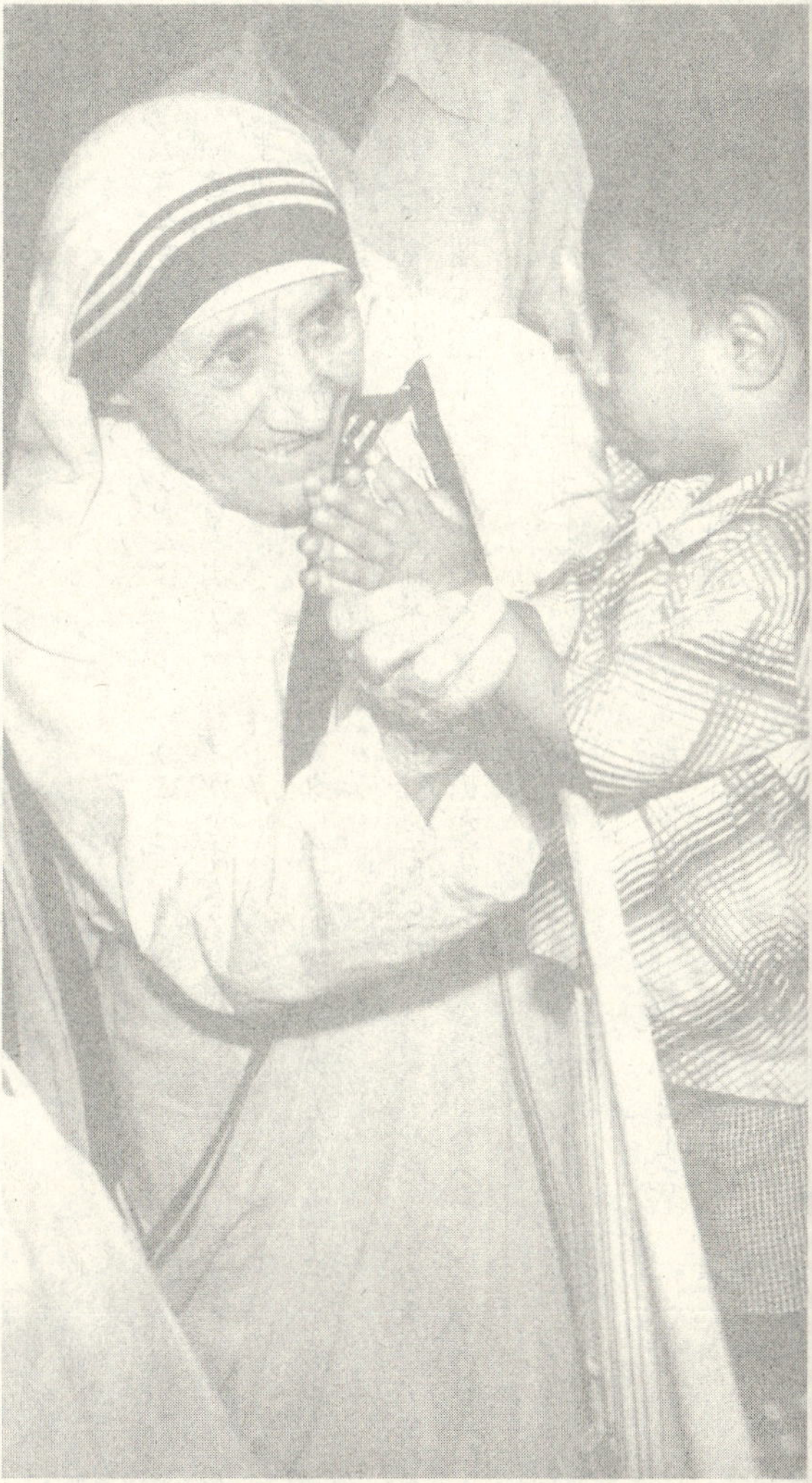

＊マザー・テレサにあげるんだ

大きな愛をもって愛するとは、どういうことでしょうか。

いきなりこんなふうに書き出すと、むずかしすぎると思われるかたもいるかもしれませんね。

しかしマザー・テレサは、それをコルカタに住む四歳の子どもから教えてもらったと言います。

まだ、マザー・テレサの活動が今ほど人々に知られていなかったころの話ですが、一時期、マザー・テレサのところに砂糖がまったく入らなくなったことがありました。

そのため、毎日お世話をしている何千人もの孤児、病人、貧しい人たちにも砂糖を分け与えることができませんでした。

その四歳の子どもは、学校で先生から話を聞くと両親に言いました。

「ぼくは、今日から三日間砂糖を食べないよ。ぼくのぶんをマザー・テレサにあげるんだ」

両親はそれまでマザーのところへ行ったことはなかったのですが、子どもにせがまれ、三日後に家族そろって訪ねていきます。

その子は、マザー・テレサの名前を正しく発音できないくらい幼く小さい子どもでした。

しかし、手にはしっかりと砂糖の入った小さなビンを握りしめていたのです。

そして、おずおずとそのビンをマザー・テレサに差し出しました。

それは、男の子がマザー・テレサや貧しい人たちを助けるために、三日間自分を犠牲にしてためたものだったのです。

マザー・テレサは、この話を世界中いたるところでしました。

もちろん、日本でもしました。

彼女は次のように語ったものです。

「その小さな子どもがくれたものは、それを私たちが貧しい人々に分け与えるときに、計り知れないくらい大きなものとなって、彼らの手に渡ることでしょう。

私は、その子どもから本当に大切なことを学びました。

この幼い子どもは大きな愛で愛したのです。

なぜなら、自分が傷つくまで愛したからです。

この子どもは私にどのように愛するかも教えてくれました。

大切なことは、いくら与えたかではなく、与えることにどれだけの愛を注いだか、であると」

さらに言いました。

「あなたもそれを実行してください。

年老いた両親のために一輪の花を持っていったり、ふとんを整えてあげたり、仕事から戻ってきた夫をほほえんで迎えてあげるだけでいいのです。

学校から帰ってきた子を迎えてやり、声をかけてあげてください。

今、こういったふれあいが失われてきています。

忙しすぎてほほえむ暇も、愛を与えたり、受けとめたりする暇もない、そういう生活になっていませんか」

＊あの人たちもお腹《なか》を空かせているんです

ある日のことです。

一人の男性がマザー・テレサを訪ねてきて、言いました。

「ヒンズー教徒の家族がいるのですが、その家には八人ほどの子どもがいて、長い間、何も口にしていないのです」

マザーはとりあえず、夕食のために用意してあった米を持って、その家族のところに出かけていきました。

そこには、栄養失調でやつれはてているために目が飛び出して見え、お腹が異様にふくらんでいる小さな子どもたちがいました。

お腹を空かせている子どもを見ることほど、母親にとってつらいことはありません。

母親はマザーに手を合わせて感謝しました。

マザーは、さっそく米を炊《た》いて子どもたちに食べさせてやるのだろうと思いましたが、母親はその米を二つに分け、そのうちの一つを持って出かけてしまったのです。

しばらくして彼女が帰ってきたときに、マザーは尋ねました。

「どこへ行かれたのですか？　何をしに行かれたのですか？」

するとその母親は答えました。

「あの人たちもお腹を空かせているんです」

あの人たち？

それは、隣に住むイスラム教徒の家族のことだったのです。

そこにも同じくらいの子どもがいて、いつもお腹を空かせていました。

そのことを彼女は知っていたのです。

彼女は自分の子どもが極限までお腹を空かせているにもかかわらず、ほかのかわいそうな人にも分け与えたのです。

自分の痛みとなるまで、分け与えたのです。

その家族はとても貧しかったのですが、与える喜び、そして分かち合う喜びに満ちていました。

母親のしたことの意味がわかったのでしょう。

どの子どもの顔にも、穏やかな笑顔が輝いていました。

私たちが互いに愛し合うことの美しさ。

自分から先に愛することの大切さ。

自分が傷つくまで愛することの尊さ。

それらのすばらしい価値を、マザー・テレサはこの母親に教えられ、強く励まされたのでした。

マザー・テレサも、まわりの人から愛することを学んできたのです。

＊人間を偉大にできるもの

ある晩、マザー・テレサは路上から非常に容体の悪い女性を救い出し、世話をしました。

その女性は、今にも死にそうなほど衰弱しているようでした。

マザーは、心をこめてその女性の体をふき、スープを飲ませ、あたためてあげました。

そして、ほほえみながら、「つらかったでしょう。もう安心していいのですよ」と何度も語りかけました。

しかし、その女性はずっと無言のままでした。

言葉を発するのも苦しいほど体が弱っていたのです。

しかし、時間がたつにつれ、体の衰弱とは逆に、その顔には美しいほほえみが輝いてきたといいます。

彼女は臨終の間際、マザーの手を取り、たった一言を、最期《さいご》の力を振りしぼるように言ったのです。

「Thank You（ありがとう）」

そのまま、彼女は静かに目を閉じました。

彼女の亡骸《なきがら》のかたわらで、マザーは胸をふるわせ自問せざるを得ませんでした。

「もし、私が彼女の立場だったら、何と言っていたのだろうか」

お腹が空いています。死にそうです。寒いんです。体のあちこちが痛いんです。

自分ならそう言っただろうとマザーは謙虚に考えます。

けれども、その女性は、自分の不幸を呪《のろ》うこともなく、不平不満を口にもしませんでした。

それどころか、ほほえみを浮かべ、感謝にあふれる言葉を残して旅立ったのです。

マザーは後に語りました。

「そのように死ぬことができる人間の偉大さに立ち会えたのは、とてもすばらしいことでした」

自分の不運をすべて呪ってもいいような人が、最期の瀬戸際に力を振りしぼって残していったものは、感謝の言葉でした。

それは人間の偉大さの表れだとマザーは感じ入ります。

人間の心は、こんなにも偉大で美しいのです。

ところで、なぜ、あの女性はその美しい心を感謝の言葉に託して表すことができたのでしょうか。

それはマザー・テレサのように、親身になって世話をしてくれる人が、すぐかたわらにいてくれたからではないでしょうか。

孤独で貧しいあの女性は、マザーに愛され見守られて死ぬことができたからこそ、人を最期まで愛することができました。

人は、愛されてこそ、人を愛することができます。

人間を偉大にできるのは、誰かの惜しみない愛ではないでしょうか。

＊自分自身を分け与える

ある日、マザー・テレサのもとへオーストラリア人の男性がやってきて、多額の寄付をしました。

けれども、そのとき彼はこう言ったのです。

「このお金は、私の外からのものです。今度は、私自身の中から何かを差しあげたいと思います」

彼はその後、マザーの修道会が運営している「死を待つ人の家」にやってきて、病気の人のひげをそったり、話し相手をしたりするようになりました。

これこそが、彼自身の内側から差し出されたものでした。

彼は、お金だけでなく、自分の時間も寛大に与えることにしたのです。

自分のために使うこともできたのに、人のために使うことを望みました。

それによって、自分のもっているものだけでなく、自分自身をも分け与えることができたのです。

マザーは言います。

「人が他人に与えられるものは、たくさんあります。

私が切望するのは、寄付をする人が実際に姿を見せてくれることです。

与える人たちに、ふれたり、笑いかけたり、思いやりをもって接することです。

これらすべては、与えられる人にとって、とても意味があることなのです。

私は、私たちの活動への参加を人々に強く呼びかけています。

それは、私たちのためでもありますし、すべての人々にとっての利益にもなるからです。

私は、けっしてお金も、どんな物質的なものも求めはしません。

私が求めるのは、愛をもたらしてくれることであり、その手を差し伸べてくれることなのです」

マザー・テレサの手伝いをするためにやってくる人は、そこで何かを見つけます。

自分がどういう人間なのか、自分には何を与えることができるかがわかるのです。

また、与えることによって、自分にもより多くのものを与えられていることが、はじめて実感できるのです。

聖書には「受けるよりも与える方が幸いである」という言葉があります。

そのことをマザー・テレサもシスターたちも、毎日あふれる喜びとともに感じていました。

日本にいる私たちにも、何か身近な小さなことで、「自分自身を分け与える」ということができるかもしれませんね。

たとえば、忙しいと感じているときでも、自分の時間を少しだけでも家族のために使うように努めること。

自分の好みを少しばかり抑え、家族が喜ぶ何か小さなことをしてあげること。

自分の話ばかりせずに、話を聴いてほしがっている人の声にも耳を傾けること。

批判したい気持ちを抑え、相手の言い分をよく聴いて理解してあげること。

相手の失礼や過失をとがめず、許してあげることなどです。

日常生活でのそのような小さなおこないや心遣いでも「自分自身を分け与える」ことができるのです。

＊他人と愛を分かち合う

若いヒンズー教徒の男女が、マザー・テレサに会いにきました。

二人は、貧しい人たちの食べ物のためにと、多額のお金を持ってきたのです。

マザーは尋ねました。

「どうしてこんなにたくさんのお金をくださるのですか」

二人は答えました。

「私たちは、二日前に結婚しました。でも、その前に決心をしたのです。お互いへの愛ゆえに新しい衣服を買わないこと。大きな結婚披露宴もしないこと。そして、そのお金を私たちの愛の証拠として、マザー・テレサにお持ちしようと思ったのです」

マザーはさらに聞きました。

「どうして、そう思ったのですか？」

「私たちはお互いにとても愛し合っています。そして、私たちの愛をほかの人とも分かち合いたいと思ったのです。特にあなたが仕えていらっしゃる貧しい人たちとともに」

マザーは、日本でもこの話を紹介し、さらに語りました。

「お互いへの愛ゆえに、彼らは結婚生活をこんなにも美しく始めました。彼らは大きな犠牲を払いました。これは愛の行為です。彼らは傷つくまで与えて、お互いを愛したのです」

結婚は、愛のゴールではありません。むしろ始まりです。

多くの場合、結婚生活の始まりは、甘美な愛に満ちて幸福でしょう。

結ばれる男女は互いに愛し合い、その愛が生涯変わらないことを誓い合います。

その愛をほかの人と分かち合いたいと、この二人の若い夫婦は願ったのです。

愛すれば愛するほど、心は広くなります。

分け与えれば、与えるほど、多くを受けます。

それが本当の愛のルールです。

結婚生活は愛で始まるのですが、愛を持続させるのは極めて難しいことです。

結婚する二人は、当然ながらいつまでも愛し合うつもりで結婚します。

でも、結婚にはいずれ危機が訪れます。

現実に、新婚旅行をして三日後には離婚する人もいます。

三カ月いっしょに生活してみて相手の欠点に気づき、離婚する人もいます。三年すれば飽き飽きして、離婚する人もいます。それ以降は、毎日が危機だと言われるくらいです。自分も相手も欠点のある生身の人間ですから、愛を持続させるには努力が必要なのです。

その努力は、寛大に互いを与え合うことにあります。あの若い夫婦は、互いに自分たちを与え合い、それをまた他人と分かち合いました。

他人と分かち合うことで、私たちはより多くを受けるのです。

＊天使のように死んでいくのです

ある日、マザー・テレサがロンドンの街を歩いていると、一人の年老いた男の人が道端に座っていました。

ひどくやせていて、服装から何から、みな乱れていて、とても哀れな様子でした。

マザーは、その人のところへ近づき、その手を握って、どうしたのかと尋ねました。

すると、その男性はマザーを見上げて言いました。

「ああ！　何年もの間、私は人の手のぬくもりにふれたことはなかった。あなたは、私の人生に喜びをもたらしてくださった」

そう言って、彼は座り直しました。

その顔には、彼の貧しい格好とは似ても似つかない豊かな笑顔が浮かんでいました。

ただ、手を握ったことが、愛されていることを彼に感じさせたのです。

また、ある日、マザーは道端に横たわっている男の人を見つけました。彼の体には虫がわいており、すでに瀕死《ひんし》の状態にありました。

そこでマザーは、彼を助け出し、連れ帰りました。

なぜ、彼がそのような状態になったのかはわかりません。

彼は人を罵《ののし》ったり、とがめたりしません。悪口も言いませんでした。

彼はこう言っただけです。

「私は、ずっと道端で動物のように生きてきました。でも、今、私は天使のように死んでいくのです。愛され、大切にされて……」
二、三時間後に彼は、その顔に美しいほほえみを浮かべて亡くなりました。
彼は神のもとへと帰っていったのです。

マザーは、言っています。

「このように話すことができて、そのように死ぬことができる人間の偉大さに立ち会えたことは、とてもすばらしいことでした。

誰も呪わず、誰にも非難を浴びせることもなく、自分を誰とも比較することはなかったのです。彼は、まさに天使のように死にました」

私たちの身の回りに、ぬくもりを求めている人はいないでしょうか。

ぬくもりを求めている人は、見るからに不幸です。
病気であったり、みすぼらしい格好をしていたりします。
誰とも話をしたがらず、顔の表情も暗いのです。
でも、はじめからそうだったのではありません。
マザー・テレサは、そういう人々の中に神さまを見出《みいだ》しました。
イエス・キリストに仕えるつもりで、その人たちに仕えたのです。
なぜなら、キリストは言われたからです。
「この小さなものにしてくれたことはすべて、私にしてくれたことだ」
人にぬくもりを与えるおこないは、神さまに祝福されます。
与えられた人も、与えた人にも喜びがよみがえるのです。

＊ぼくの家はここなんだ

街の通りで、マザー・テレサは、ひどくお腹を空かせている子どもを見つけました。

マザーがパンを一切れ手渡すと、その子どもは少しずつ、本当に少しずつ食べ始めました。

見かねてマザーは言いました。

「もっと食べなさい。それを食べ終わったら、もっとあげるから……」

しかし彼は、こう答えたのです。

「このパンを食べ終わったときに、またお腹が空くのが怖いんだ」

少年はこんなにも幼いのに、すでに飢えがどういうものであるのかが、身にしみてわかっていたのです。

マザーはその子を「子どもの家」に連れていきました。

温かなお風呂に入れ、きれいな洋服を着せてあげました。

ところが午後になると、彼は姿を消してしまったのです。

シスターたちは、彼を追いかけて、連れ戻してきましたが、彼はまたすぐにいなくなってしまいます。

マザーはシスターたちに頼みました。

「今度逃げ出したら、見つからないようにあの子の後をつけてみてください。あの子がなぜ逃げるのかを確かめてください」

彼が再び逃げ出したとき、一人のシスターはマザーの言葉通りにしました。

すると、街の通りにある木の下に着きました。

そこには、なんと彼の母親がいたのです。

彼女は何か料理をしていましたが、おそらく、ゴミ箱から拾ってきたものが材料でした。

しかし、母子の間には、ほのぼのとした喜びと愛が感じられるのでした。

彼は言いました。

「ぼくは家に帰る。ぼくの家はここなんだ」

その子が「ぼくの家」と言ったところには、何もありませんでした。

ただ木の下に破れたマットがあるだけです。

枕《まくら》も毛布もありません。屋根も壁もなかったのです。

しかし、そこには彼にとって何ものにもかえがたい母親のぬくもりがありました。

マザー・テレサは、たくさんの孤児を一所懸命に世話をしながらも、はっきりとこう言ったことがあります。

「私たちがどんなに愛をこめて世話をしても、親の愛にはとうていかないません」

あの少年にとって、もっとも大切なものは母親の愛でした。

あの少年にとって、「ぼくの家」とは、その母親がいるところでした。

誰よりも自分が愛し、自分を愛してくれる人のいるところが「ぼくの家」だったのです。

＊誰でも何か美しいものをもっている

「どんな人であっても、何か美しいものをもっているものです」

そうマザー・テレサは言いました。

マザー・テレサは、人間の中に神の偉大さを見ることができる人でした。

神は自分に似せて人間を創ったと彼女は信じていました。

神は自分の偉大さや美しさや愛を、私たちの中に注ぎこんでくださったのです。

人間は神に似せて創られた一人ひとりユニークな存在です。

すべての人が、何かその人だけにしかない美しいものをもっているのです。

その一例として、マザー・テレサが日本で話したことを紹介しましょう。

マザー・テレサがベネズエラに行ったときのことです。

ベネズエラでは、シスターたちがいろいろな奉仕の活動を続けていました。

ある家族が子どもたちのための家をつくるようにと土地を寄付してくれたので、マザーはその家族のところにお礼を言いに行きました。

すると、その家にとても重い障害のある坊やがいたのです。

けれども、その坊やはとても美しい目をしていました。

瞳《ひとみ》はいつもキラキラと輝いていて、口元にはほほえみをたたえていました。

マザー・テレサは、その子のお母さんに、「この坊やの名前は？」と聞きました。

すると、お母さんは言いました。

「この子の名前は、愛の博士です。愛の博士と私たちは呼んでいるのですよ。この子は私たちにどうやって生きていったらいいのか、どうやって愛したらいいのか、どうやって幸せに暮らしていったらいいのかということを、このほほえみで教えてくれるんです」

その小さな子どもは、ほかの人の目からすれば何ももっていないように見えるかもしれません。

でも、どんなに体が不自由でも、この子は目にたたえた喜びで、親や兄弟、そしてほかの人にどのように愛するかを教えてくれていたのです。

マザー・テレサは、この世に不必要な人は一人もいないと考えていました。

誰もが神さまに愛されて生まれてきた存在なのだと疑いませんでした。

たとえ、どんな障害のある人でも、ともすれば何もできないかのように見える人であっても、何か美しいもの、その人らしいすばらしいものをもっていると信じていました。

マザー・テレサは、貧しい人、苦しんでいる人、病気の人、障害のある人、孤独な人をただあわれんでいたわけではありません。

美しくすばらしい存在だと思っていました。

愛の博士のお母さんが、障害のある息子から愛することを学んだように、マザー・テレサも、彼らから多くのこと、すばらしいことを学んでいたのです。

第2章

マザー・テレサのおこないに愛を学ぶ

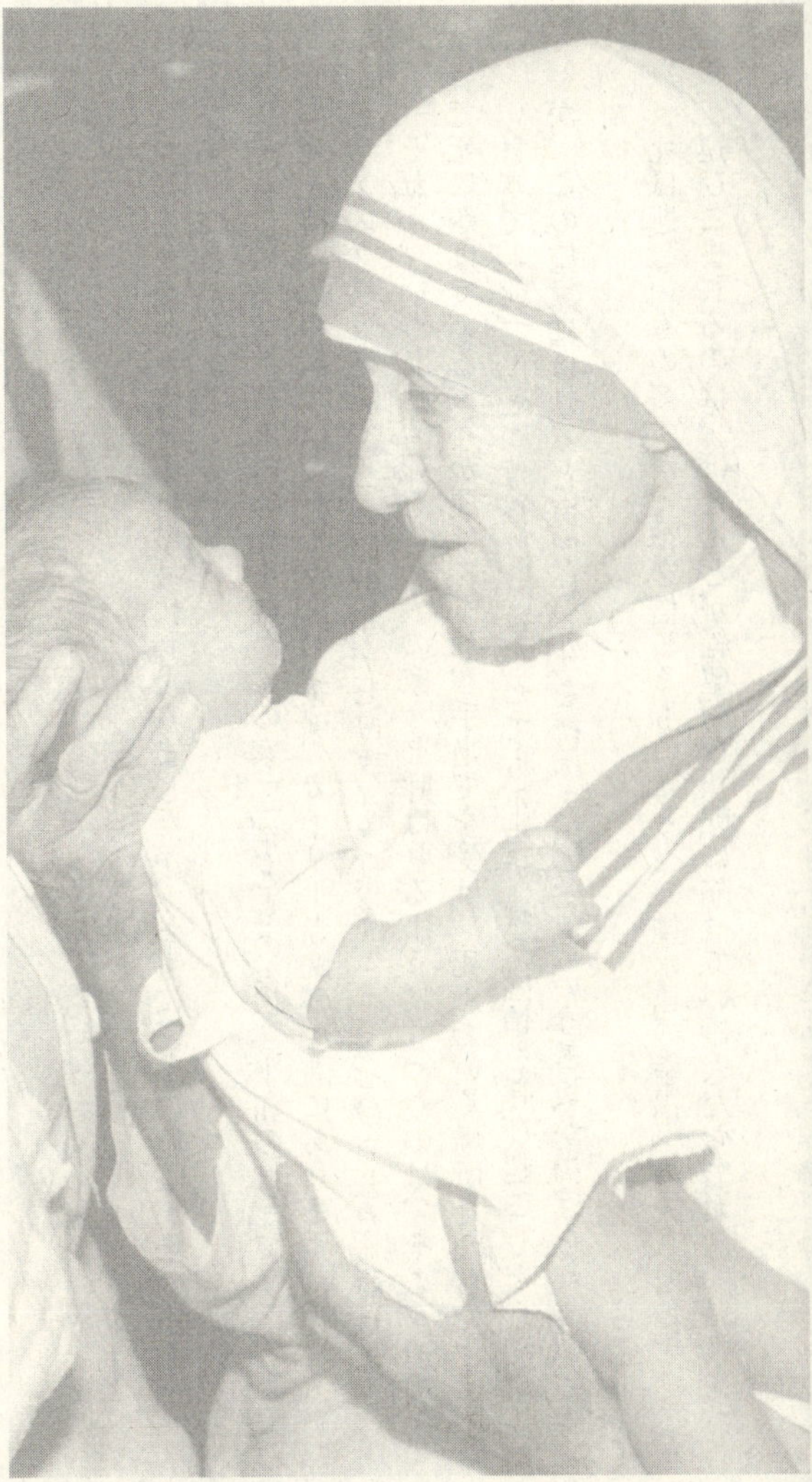

*「死を待つ人の家」で

マザー・テレサの仕事は多岐《たき》にわたりましたが、おもに三つの施設がその中心をなすものといえます。

それは、インドにある「死を待つ人の家」「子どもの家」「平和の村」です。

「死を待つ人の家」は、コルカタの東部、カーリー寺院の片隅にあります。

サンスクリット語で、「ニルマル・ヒリダイ」（清い心）と名づけられた施設です。

それが、いつしか「死を待つ人の家」と呼ばれるようになったのは、そこが道端で死にかけている人々が運びこまれ、手当てを受け、死んでいく場所だからです。

日本で「死」と名づけられれば、とても不吉で嫌な感情を呼び起こしそうですが、この施設には堂々と戸口に「死を待つ人の家」という看板が掲げられています。

死は悲しいものですが、神を信じるものにとっては永遠の幸福への入り口です。

運びこまれるのは、ほとんどが絶望的な状態に陥《おちい》っている人たちです。

数時間で息絶えると、誰の目にも明らかな状態の人もいます。

体にはウジがわき、顔にはネズミにかじられた跡があり、皮膚は乾ききってすでに死人のようにしか見えない人もいます。

それでも、マザー・テレサとシスターたちは彼らをほうっておくことはしません。

べっとりと張りついたウジを一匹ずつ辛抱強くつまみあげ、顔と体をきれいに洗い、ていねいに包帯で巻きます。助からないとわかっていてもそうするのです。

こうした行動を通して、瀕死の人に、「あなたは必要な人です。けっして一人ぼっちではないのですよ。あなたも、望まれてこの世に生まれてきた大切な人なのですよ」と伝えたいからです。

ここに担ぎこまれた人の多くは、道端に行き倒れていた人たちです。

誰からも顧《かえり》みられず、ただ体が衰弱して死んでいくのを待っていた人たちです。すでに肉親と死に別れた人、また家族から見捨てられて一人で生活していた人もいます。

そのような人に、マザー・テレサやシスターたちは愛の手を差し伸べました。

なぜ、このようなことができたのでしょうか。

その答えとして、マザー・テレサは、私たち日本人には理解しがたいことを言いました。

「私は福祉事業をしているのではありません。ただ目の前のイエス・キリストに仕えているだけです」

彼女たちの行動の源泉は、その信仰心にありました。

ですから、マザー・テレサの愛の行動を本当に理解するためには、彼女の心を占めていた神への愛を理解する必要があります。

しかしマザー・テレサたちは、自分たちの信じている宗教を瀕死の人に押し付けることはしませんでした。

たとえば、シスターたちは、「死を待つ人の家」に入居してきた人に、その人の信じる宗教が何かも尋ねます。その人の死後、その人が望む形で葬式を出すためです。

神が人間に自由を与えたように、彼女たちも目の前の人の自由を尊重したのです。

＊「死を待つ人の家」ができたきっかけ

「死を待つ人の家」ができたのは、マザー・テレサが電車の窓からずぶ濡《ぬ》れでうずくまっている男性を見つけたことがきっかけです。

マザーは、その人を助けたいと思いましたが、そのときは電車から降りることもできませんでした。

気になりながらも用を終え、帰りに駆けつけてみますが、その人はもう亡くなっていたのです。

一人ぼっちで、最期まで誰からも顧みられることのなかったその男性は、何を思いながらこの世を去ったのでしょう。

それを考え、マザーは取り乱すほどに深い悲しみをおぼえました。

誰かを孤独でみじめに死なせることこそ、彼女には耐えられないほどの不幸に思えました。

彼女にはそれが、彼女が愛する十字架のイエスが味わった苦しみに思えるのです。

その男性を助けられなかったマザー・テレサは、二度とそんな過ちを繰り返すまいと決心します。

そして、すぐにスラムの中に、死に瀕した人を受け入れるための部屋を借りました。

しかし、瀕死の人が次から次へと運びこまれるために、すぐにその部屋は手狭になってしまいます。

そこで彼女は、行き倒れの人を収容できる場所がほしいと市役所に掛け合います。

苦慮した役人は、マザーをヒンズー教の寺院として有名なカーリー寺院まで連れていきました。

花を売る店が両側に軒をならべる狭い道を通って本堂に入ると、そこには、青黒い顔に真っ赤な口、生首をぶらさげ、血刀をひっさげたすさまじい形相の女神カーリーの像がありました。

その前には、首をはねられた山羊《やぎ》がいけにえとして祭壇に捧げられ、あたり一面には血が飛び散っていました。

「ここなら、すぐにでも無料でお貸しできるのですが」と、市役所の役人が案内したのは、本堂の裏手にある休憩所でした。
そこは、行くあてのない人たちがたまり場とし、バクチ場にもなっていました。
しかし、マザーにとって、そんなことは問題になりません。
さっそく、その場所を借りることにしました。
マザーの行動の特長は早い、ということです。
これはいい！と思ったら、すぐにやってしまいます。
躊躇《ちゅうちょ》することも、グズグズすることも、彼女にとっては時間の無駄遣いです。
彼女にとって、時間は愛をおこなうために与えられた貴重な宝ものなのです。

＊あなたも大切な人なのですよ

与えられたところは、とても病人を運びこめるような場所ではありませんでした。

「でも、こうしている間にも、路上で息を引き取っている人がいるかもしれない」と思うと、居ても立ってもいられず、マザーは一人で長椅子《ながいす》をベッドにしようと動かし始めました。

すると、そこらにいたホームレスの人たちが、何をしているのかと怪訝《けげん》に思い、ぞろぞろと集まってきました。

マザーらしいのは、このとき、まったく恐れも躊躇もせず、彼らに手伝いを頼むことです。

「あなたたち、ちょっとこの椅子を動かして」

この陽気で自信に満ちた修道女のペースにまきこまれたホームレスたちは、わけもわからず彼女を手伝い始め、荒れはてていた部屋は数時間後にはすっかりきれいになりました。

マザーは、人に協力を頼むのが上手です。

彼女が協力を頼むのは、彼女自身が楽になりたいからではありません。ほかの人の協力によって、もっと多くの愛の仕事をおこないたいからです。

協力する人々は、無報酬で喜んで力を貸します。

ゴロゴロ暇つぶしをしていたホームレスたちにも、どんどん仕事を頼んで、協力を求めます。ホームレスたちにとっても、自分が誰かの役に立てるのはうれしいことなのです。

マザー・テレサは確信していました。

人間にとってもっとも悲しむべきことは、病気でも貧乏でもなく、自分はこの世で役に立たない不要な人間だと思いこむことだと。

そして、この世の最大の悪は、そういう孤独な人に対する愛が足りないことなのだと。

ですから、マザーは、世間に見捨てられ、身も心もズタズタになって路上に倒れ伏し、死の寸前にある人を見捨ててはおけません。

ボロ切れのような体を丹念に洗い清め、髪を短く刈ってやり、粗末ながらも清潔な衣服に着替えさせて、ベッドにそっと横たえてあげます。

しっかりと手を握り、話すことができない瀕死の人には目で語りかけながら、ゆっくりと温かいスープを口に運んであげます。

「あなたも私たちと同じように、この世に望まれて生まれてきた大切な人なのですよ」

マザーは、そう話しながら、もう一度力をこめて手を握ります。

せめて、人間らしく死なせてあげたい……マザー・テレサの心はそのような思いでいっぱいだったのです。

彼女のこのような思いは特に、貧しく傷つき、誰からも顧みられることのない人々に向けられました。

しかし、本当は彼女の目の前にいるすべての人に、そのまなざしは注がれていたのです。

「あなたも、この世に望まれて生まれてきた大切な人ですよ」

この世に生まれた人は、一人ひとりすべて、神さまから望まれて生まれてきた人だとマザー・テレサは考えていたのです。

＊殺したいなら殺しなさい

ヒンズー教の大寺院の中に、ある日突然カトリックの施設が出現したのですから、快く思わない人も当然いました。

罵詈雑言《ばりぞうごん》を浴びたり、石を投げられたりするのはマザー・テレサにとって日常茶飯事でした。

中にはマザー・テレサに対して「殺してやる！」と口走る男もいました。

そういうとき、マザーは一歩も引かず毅然《きぜん》として言い返しました。

「どうぞ、殺したいなら殺しなさい。でも、私が死んだあとは、あなたがたでこの施設での仕事を続けてください」

マザー・テレサにとっては、何よりも目の前の人々を救うことが大事でした。

彼女は、ロレット修道会に入ったときに、自分の意志は神さまのお望みのままに従わせることを決心していました。

そして、二十年間神に従い、また神の呼びかけに従うために、大きな犠牲を払ってロレット修道会をあとにし、貧民街に入りました。瀕死の人々を介護し、最期まで看取るこの仕事は、マザー・テレサが神さまから任された仕事でした。

たとえ、悪口を言われ石を投げられても、殺してやると脅されても、やめるわけにはいきません。

彼女は、はじめから、自分のためではなく、自分以外の人のためにその仕事をおこなっていました。

たとえ命を奪われようと、彼女にはやりとげねばならない大切な使命だったのです。

それは、彼女の愛するキリストが辿《たど》った十字架への道をともに歩むことでもありました。

マザー・テレサに暴力や脅しがきかないと知った人たちは、マザー追い出しをコルカタ警察署に請願するという合法的な手段で嫌がらせをはかりました。

請願を受けた署長は、自ら「死を待つ人の家」に乗り込み、請願が市民によって合法的になされたものであることをマザーに告げます。

しかし、マザーは一言も語らないまま、黙々と横たわる人々の世話をします。その体を洗い、スープを飲ませ、優しく手を握って話しかけるだけです。

しばらくマザーの仕事を見ていた署長は、何も言わずに立ち去り、建物の外で待っていた請願者たちにこう言い放ちます。

「マザー・テレサをあそこから追い出すことはできる。ただし、みなさんやみなさんの家族がマザーと同じことをやってくれる、という条件つきでだ」

その場にいた人々は、この言葉を聞いて引き下がらざるを得ませんでした。

自分にはできない尊いことを、まったく無報酬でマザー・テレサたちがしてくれていることを認めるしかなかったのでしょう。

それ以来、反対者の声は次第にやんでいきました。

そしてこの場所は、マザー・テレサやシスターたちが死に瀕した人々を手厚く介護する「死を待つ人の家」と呼ばれるようになります。

この施設に収容された人は、約五十年間で数十万人、その半数近くの人が、マザーやシスターたちのあたたかなまなざしに見守られて、天国に旅立ちました。

＊「子どもの家」

「死を待つ人の家」をつくってから三年後、マザー・テレサは、「子どもの家」をつくります。

それは、ゴミ箱に捨てられていた赤ん坊を見つけ、連れて帰ったのが始まりでした。

赤ん坊は、声も出せないぐらい衰弱していました。

すぐにお湯でていねいに洗ってやり、ミルクを飲ませようとしましたが、哺乳ビンからミルクを吸う力もないほど赤ん坊は弱っていました。

細心の世話を続け、ようやく三日後、赤ん坊は自分の力で哺乳ビンからミルクを吸えるくらい元気になりました。

それ以来、マザーはこのような恵まれない子どもたちのための施設をつくり、自分たちで育てていこうと考えました。

コルカタでは、教会の祭壇や病院、道端やゴミ箱にまで赤ん坊が捨てられています。

「子どもの家」がつくられたと聞いて、そういう子どもがどんどん連れてこられました。

親に捨てられた子、道端にいたホームレスの子、刑務所で生まれた子、若い女性が産み捨てた子……。大きな家はあっという間に子どもでいっぱいになりました。極端に栄養状態の悪い母親から生まれた子ども、生まれつきの障害によって長くは生きられない子ども、発見が遅かったために数時間で死んでいく赤ん坊も多くいます。

それでも、きれいに体を洗ってもらい、シスターたちに、しっかり抱きしめられながら、

「あなたも、望まれてこの世に生まれてきた大切な命なのよ」と言われながら息を引き取るのです。

「それは、ゴミの山の中で死ぬのとどんなに違うでしょう。赤ん坊にだって、そのことはわかるのですよ」

マザー・テレサは、シスターたちにそう言いました。

ですから、どんな子どもが来ても、マザーたちは受け入れを断ったことはありません。

人手が足りなくても、ベッドが空いていなくても、資金に不安があっても、とにかく赤ん坊を受け入れたのです。

必要なものは、あとで神さまが贈ってくださると信じていました。

そして、結果的にいつでもそうなったのです。

赤ん坊は、神さまからの贈りものです。

赤ん坊の命を育てようとする人に、神さまが助けの手をくださらないはずがありません。

日本で堕胎が多くおこなわれていることに、マザー・テレサは胸を痛め、来日したときこう語ったことがあります。

「子どもを恐れないでください。もう一人の子どもに食べさせることができないのではないかと、懸念しないでください。もう一人の子どもを育てることができないのではないかと、心配なさらないでください。

みなさまは、この日本に実に多くの物を持っていらっしゃるではありませんか。神は、日本をこんなにも豊かに祝福してくださっているではありませんか。ほんとうにすばらしい、多くの物に恵まれた日本は、物質的な面からすれば、偉大な国ではありませんか。どうして、そんなに子どもを恐れなければならないのですか？」

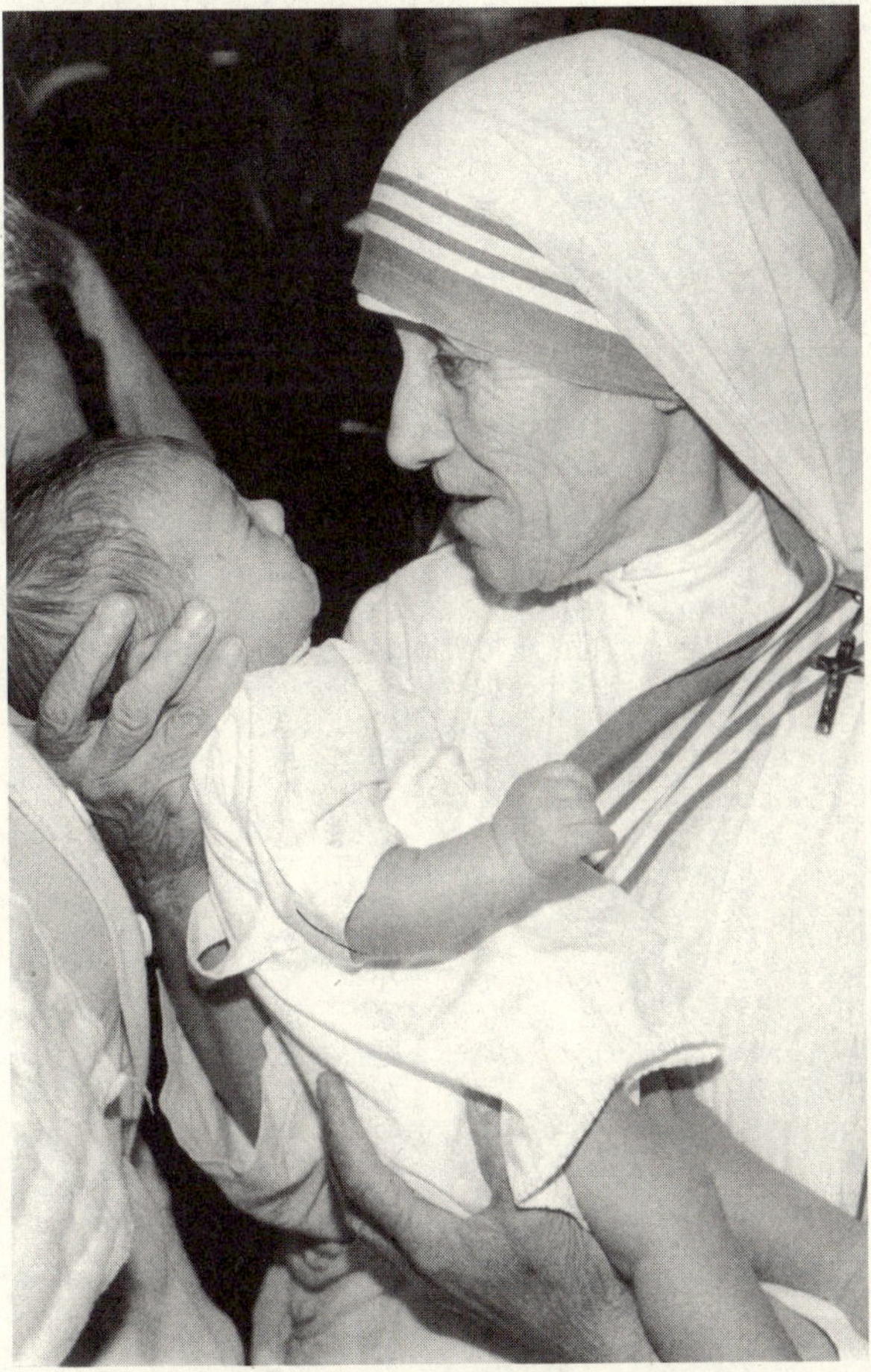

*「子どもの家」から世界へ

マザー・テレサは、たくさんの孤児を引き取り心をこめて育てながらも、子どもに対する親の愛にはとてもかなわないと感じていました。

子どもにとって家庭はかけがえのないもので、あたたかな家庭があればこそ、子どもは育つのだと考えていました。

「子どもの家」は、子どもたちにとって仮の家でしかありえないことも知っていました。

「子どもは家庭で育てられねばなりません。人から愛され人を愛することを学ぶ場は、家庭だからです」

マザーはいつもそのように言っていたのです。

そこでマザーは、健康を取り戻した子どもたちをできるだけ家庭に送ろうとします。

幸い、「子どもの家」の子どもを自分の子として育てたいと申し出る夫婦が、次々と現れるようになります。

孤児たちは、遠くヨーロッパやアメリカの国々の夫婦にも引き取られ、自分の子どもとして育てられるようになりました。

愛する者にとっては、血縁や人種、肌の色の違いなどはまったく問題にはなりません。

孤児を受け入れた家庭は、子どもたちにとって愛され愛することを学ぶ場になりました。

子どもたちにとっては、家庭で愛し愛されることが大切なのです。

マザー・テレサは、「母親とはどんな存在ですか」と尋ねられて答えています。

「母親というのは、家庭の心、その人がいるだけでまわりに安らぎと平和、そして希望をもたらす存在、それがお母さんです。ただ、子どもを産み育てるだけでは、ほんとうのお母さんではありません。子どもを産まなくても、まわりの命を育み、ほほえみをもたらすのが真の母性です」

また、父親についてはこう言っています。

「父親というのは、大事な役割をもっています。母親と力を合わせて家族を経済的に支えるのは、当然な役目です。でも、もっと大切な使命は正義を生きることなのです。正義のために命を投げ出してもいいとわない生き方を貫けるのが、ほんとうのお父さんです」

マザー・テレサがもつ母親と父親のイメージには、自分を育ててくれた父母以外に、彼女が敬愛するイエス・キリストの母、聖母マリアと養父、聖ヨセフの存在がありました。

聖母マリアと聖ヨセフのもとで、イエス・キリストも愛され愛することを学んで育っていったのです。

マザー・テレサにとっては、子どもは誰でも神さまの似姿であり、幼いイエス・キリストと同じ存在でした。

マザー・テレサは、人はみな、神さまの子どもで、みな、家族だと考えていました。

血のつながりがなく、人種や言葉が違っても、私たちはみな、地球家族だと考えていたのです。

＊ハンセン病患者のために

一九五七年、仕事先から放りだされたハンセン病患者が、マザーをたよってきました。

ハンセン病は、体を次第に破壊していき、放置すると死に至る恐ろしい病です。最近では薬による治療が可能になりましたが、昔はこの病気にかかったら最後、すべてを失わざるをえませんでした。

この病気は進行すると体が崩れていきます。手の指がちぎれ、顔に穴が開いてしまう人も大勢いました。

何よりもつらいのは、愛する家族からも離れて暮らさなければならなくなることです。

社会的に身分の高い人も、家を捨てて放浪するか、人目のつかないところに隔離され暮らさなければなりませんでした。

マザーは、ハンセン病患者を「貧しい人の中でも、もっとも貧しい人」と受けとめ、彼らのいるところへ自ら出かけていきました。

もちろん、はじめからうまくいったわけではありません。マザーたちが彼らの家を訪れると、患者たちは強制収容されるのではないかと思い、逃げ回りました。

やむをえず、活動を理解してもらうために、空き地や公園で治療を始めました。移動診療所の始まりです。

そのうち、マザーたちは、コルカタから約三十キロメートルの製糸工場と発電所の町チタガールの鉄道用地を無料で借り受けることに成功しました。

はじめは、竹とむしろで編んだ粗末な病棟。しかし、治療が進むにつれ、働ける患者が増えてくると、彼らの力でレンガ積みの病棟づくりが始まりました。

そして、二つの病棟と織物工場、二十五世帯の家、診察室や事務所などを不自由な手足で完成させたのです。

これまでにも、ハンセン病患者のために尽くした人は、いくらかいました。

たとえば、十九世紀の終わりごろ、ハンセン病患者が隔離されていたモロカイ島に留まり、自らもハンセン病に感染して亡くなるまで、患者のために尽力したダミアン神父。

日本では、『生きがいについて』の著者神谷美恵子氏や、日本カトリシズムの代表的な思想家でありながら神山復生病院院長の職を引き受けた岩下壮一神父が思い浮かびます。

彼らは、ハンセン病患者をただあわれみ、同情していたのではありません。著作集『遍歴』に収録された神谷氏の詩に、次のような有名な一節があります。

なぜ私たちでなくてあなたが？
あなたは代って下さったのだ
代って人としてあらゆるものを奪われ
地獄の責苦を悩みぬいて下さったのだ。
（みすず書房　神谷美恵子著作集9『遍歴』神谷美恵子著）

マザー・テレサの心情も似ています。

彼女は、ハンセン病患者の中に、私たち人間の身代わりになって、鞭《むち》打たれ、十字架にかけられたイエス・キリストの姿を見ていました。

＊「平和の村」をつくる

チタガールの施設が軌道に乗ると、マザー・テレサはさらに大胆な計画を思いつきます。

ハンセン病患者たちの村をつくろう。

彼らがまわりの人に気がねすることなく治療に専念でき、家族と同じ敷地に住むことができるような一つの村をつくろう。

この夢のような計画を胸に、マザー・テレサは神さまに祈り続けました。

すると、思いがけず、西ベンガルの知事が九十万坪の広大な土地を提供してくれるとの話が飛びこんできたのです。

そこは荒地同然でしたが、マザーたちは大そう喜びました。

こうしてマザー・テレサは、コルカタから北へ二百キロの西ベンガル州の地に、「平和の村」をつくる計画をたてます。

マザーたちは、さっそく村の設計を始めました。

九十万坪を三つの地域に分けて、Ａ地域は病棟、Ｂ地域はシスターたちの居住区、Ｃ地域は田畑と患者の家族の住む区域とします。

そして、それぞれの境界線にはレンガの壁をつくります。

当時、ハンセン病患者は、隔離しなければなりませんでした。

でも、患者と家族が一つの村の中に住めば、治療が終わり社会復帰できるようになったとき、この村でそのままいっしょに働けます。

しかし、この村の責任者として任命されたシスター・ザビエルが心配そうに尋ねました。

「でも、マザー、病院や家を建てるお金は、どうするんですか？」

「シスター・ザビエル、私たちは神さまのお手伝いをしているのですよ。私たちは、今与えられた仕事のことだけを考えていればいいのですよ。あとのことは、みな神さまが心配してくれます」

マザー・テレサは、シスター・ザビエルを安心させようと、自信ありげに言いきるのですが、実はこの時点では何の成算もありませんでした。

しかし、マザー・テレサが口にしたことは、ことごとく実現します。

それは、マザー・テレサが優れた行動力と才能をもった事業家であったからではありません。

彼女がおこなったことを理解するためには、人間的な面だけでなく、超自然的な面を考えることが必要です。

彼女は、事をなすときに、自分の利益をまったく考えませんでした。

そして、事をなすときに、自分の能力にまったく頼っていませんでした。

神さまの望まれることを、神さまのためにするのだから、自分の力のおよばないことは、必ず神さまが助けてくださるとの揺るぎない確信があったのです。

微力な自分ながら神さまのよい道具になれるようにと、毎日必ず祈り願っていました。

そして、彼女は事をなすときに、自分の全力を尽くしたのです。

＊教皇の車を宝くじの賞品に

「平和の村」の建設資金を工面するために、マザーが思いついたアイディアは、宝くじでした。

ちょうどその時期、ムンバイで開かれた聖体大会に出席したローマ教皇パウロ六世が、帰国にあたって自分の儀礼用の自動車、純白のリンカーン・コンチネンタルをマザー・テレサに贈ってくださったのです。

そもそもこの豪華な最高級車は、インド滞在中に使ってもらおうと、アメリカの大富豪がパウロ六世に献上したものです。

この自動車のことが、マザーの頭にパッと浮かびあがったのです。

「名案よ、宝くじをやりましょう！」

最高級の自動車を賞品にして、寄付金約三千円以上につき一枚という宝くじを五千枚売れば、あっという間に約千五百万円が集まります。これが、マザーの「名案」でした。

「どう？　これなら『平和の村』づくりの資金は集まるでしょう」

宝くじを発行するには知事の認可が必要です。

さっそく、マザーは知事に会い、アイディアを説明しました。

知事も「グッド・アイディア」と喜んで賛成してくれ、「その車は、『人民の車』と命名したらどうですか」と提案します。

さらに、知事はいたずらっぽくほほえみながら次のように言い、マザーを笑わせました。

「マザー、その宝くじ、私も買いますよ。私に当たったら、もう一度マザーに寄付しますよ。そして、もう一度宝くじをやりましょう」

あいにく知事には当たりませんでしたが、とにかく「平和の村」を開くのに十分な資金がマザーのもとに集まりました。

これは、いかにもマザー・テレサらしいユニークなアイディアです。

いかに教皇からいただいたものでも、高級車などマザー・テレサやシスターたちには不要です。

それなら誰かに買ってもらおうとの考えが浮かびますが、そうすれば、車はせいぜい数百万円の金を積んだ富豪の手に渡るだけです。

「平和の村」の資金調達に足りないのは目に見えています。

そこで、マザーは教皇の車を宝くじの賞品にしたのです。

宝くじは、庶民の夢です。

宝くじにすれば、誰にでも教皇が乗った車が手に入るチャンスが生まれます。

はずれても、多くの人が「平和の村」の建設に資金協力できるのです。

結果的にこのアイディアは、大勢の人の協力でみごとに実を結びました。

その後、あるジャーナリストがマザーに、どうしてこのようなすばらしいアイディアを思いついたのですか、と尋ねたことがあります。

マザーは簡潔に、「祈ったからですよ」とほほえんで答えました。

＊「平和の村」のスタート

宝くじで得た資金で、「平和の村」づくりは順調にスタートしました。

「平和の村」でも、チタガールのときと同じように、働ける患者が集まり、その建設に携わりました。

彼らはその不自由な体で荒れた土地をならし、レンガを運び積み上げました。

次々と住宅が建てられ、感染している両親から隔離するために子どもたちの家もつくられ、病院もできました。

村のメインストリートは、資金源となった「人民の車」の贈り主にちなんで「パウロ六世通り」と名づけられました。

こうして、一九六八年三月、ついに「平和の村」が歩みを始めたのです。

ハンセン病患者も家族も経済的に独立する方がよいと、マザー・テレサは考えていました。

患者は治療を受けながら、残された機能を使って何か責任ある仕事をして、少しでも収入が得られるようにしよう。

それは人間としての尊厳につながるのだと考えていたのです。

こうして、「平和の村」は、実現しました。

働く人々の表情は明るく、ハンセン病患者が集まっているとは思えないくらいです。

「平和の村」で治療を受けた患者数は、数万人にものぼるそうです。

もし、ここに辿りつかなければ、路上で死んでいたかもしれない人々です。

人から嫌われ、のけ者にされ、人間扱いを受けなかった人々です。

彼らは、この村で人間らしさを取り戻しました。

働き、食べ、笑い、語り合い、祈る生活ができるようになったのです。

ある年のクリスマスの日、マザー・テレサは、ハンセン病患者のところへ行ってパーティーを開き、話をしたことがあります。

あなたがたの病気は、決して罪の結果からきたものではないこと。

むしろあなたがたの病気は、神からの贈り物であること。

実は、神があなたがたを特別に愛しておられること。

あなたがたは、誰よりも神に近い存在であること。

すると、かなり症状の重い老人が近づいてきて言いました。

「もう一度、今の話をしてください。私にとって、こんなにうれしい言葉はありません。私たちは誰にも愛されないと思っていました。でも、神は私たちを愛してくださっていたのですね」

＊話に耳を傾ける

マザー・テレサが街の通りを歩いていました。

すると、一人の男の人が彼女の方へ向かってやってきます。

「あなたが、マザー・テレサでいらっしゃいますか？」

「はい、そうです」

「私の家に、あなたのところのシスターを送ってもらうことはできませんか？　私はほとんど目が見えず、私の妻はひどく精神が弱っています。私の家は何でもそろっていますが、一つだけないものが……。私たちは、人の声が聞きたいのです」

そこで、シスターたちが行ってみることにしました。

その家は彼の言葉通り、何もかもそろっていました。

しかし、人が訪れた気配がまったくありません。

二人はさびしかったのです。

息子や娘は、おそらく遠く離れていったまま、訪ねてくることもなくなっていたのでしょう。

誰からも頼られることもなく、誰にも頼ることもできず、彼とその妻は見捨てられたような状態だったのです。

この先待っているのは、孤独な死だけです。

イギリスには、「耳を傾けるグループ」として組織された協力者たちの小さな団体があります。

その人たちの活動は、老人たちの家を訪ね、老人たちといっしょに時を過ごし、話し相手になってあげるというものです。

年老いた老人は、話をしたがっています。

誰かに話を聴いてほしいのです。

それが三十年前の思い出話であっても、聴いてくれる人がいるだけで、うれしいのです。

孤独な思いを抱えている老人の話に、耳を傾けてあげること。

それは、身近な貧しい人に仕える一つの道だとマザーは言いました。

老人だけではありません。

あなたの身近な人の中にも話を聴いてもらいたいと望んでいる人がいるはずです。

主婦は日々の子育てや家事でストレスをためています。
いろいろな愚痴をこぼしたいのです。
できれば、夫にも聴いてもらいたいのです。
夫も仕事上の疲れを、飲んで、しゃべって癒《いや》したいと思っています。
ですから、まっすぐ家に帰らずに高い金を払って、酒場で時を過ごすのです。
子どももそうです。
子どもも、自分の小さな悲しみや喜びを親に聴いてもらいたいのです。
聴いてもらうだけでいいのです。
理解してもらうだけで、受け入れられていると感じます。
人の話を聴いて理解することは、愛情だからです。

＊神さまの道具

世界には、路上でしか生活できないたくさんの貧しい人がいます。

ローマでも、マザー・テレサの修道会のシスターは、大勢の人を世話しています。

夜、シスターたちは街へ出かけていきます。特に駅のまわりへ。

午後十時から午前二時の間に行き、そこでホームレスの人を見つけて、サン・グレゴリオ・アル・チエロにあるホームへ連れて帰ります。

以前、ローマに行ったとき、たくさんのホームレスの人たちが路上で生活しているのを目《ま》の当たりにして、マザーは耐えられない思いをしました。

そこで、ローマ市長に会いにいき、願いました。

「あの人たちのために、場所を提供してください。彼らを施設に連れていこうとしても、私たちといっしょに来るのを拒んで、今までいたところに残りたがるからです」

市長とそのスタッフは、すばらしい対応をしました。ほんの数日の間に、街の中心にあるテルミニ駅の近くに、とてもいい場所を提供してくれたのです。

今では、道端のほかに夜を過ごす場所がどこにもなかった人たちは、みなそこに行ってベッドで眠り、朝になるとまた出かけていくようになりました。

神さまは、誰かに大切なメッセージを伝えようと思うとき、別の誰かを道具として遣わします。

マザー・テレサは、自らをまさにその道具だと考えていたのです。

マザー・テレサたちの活動によって、世界の人々は、貧しい人々が自分のすぐ近くにも存在していることに気づきました。

マザー・テレサのシスターたちは、毎日、自分が神さまのよい道具になれるように願い、お祈りをしています。

シスターになりたいと志願する女性の多くは、裕福な家庭で育った若い人たちです。

彼女たちは、貧しい人々を理解し仕えるために、これまでの生活を捨て、自らを貧しさの中に置いています。自ら望んでそうしているのです。

マザー・テレサは、彼女たちにはじめの段階からこう教えてきました。

「仕事をしている間は、イエスに対してさせていただいている、イエスのためにさせていただいているのだ、と心で祈りなさい」

マザーのこの教えは、福音書のイエス・キリストの次のたとえ話からきています。

すると、正しい人たちが王に答える。「主よ、いつわたしたちは、飢えておられるのを見て食べ物を差し上げ、のどが渇いておられるのを見て飲み物を差し上げたでしょうか。いつ、旅をしておられるのを見てお宿を貸し、裸でおられるのを見てお着せしたでしょうか。いつ、病気をなさったり、牢におられたりするのを見て、お訪ねしたでしょうか」そこで、王は答える。「はっきり言っておく。わたしの兄弟であるこの最も小さい者の一人にしたのは、わたしにしてくれたことなのである」

（マタイ25・37―40）

彼女たちがつらい仕事をしながら喜びにあふれているのは、その仕事を通して神に仕えているからです。

＊貧しいけれど豊かな人

マザー・テレサは、貧しいけれど豊かな人でした。

マザー・テレサの修道会では、定期的な収入などありません。給料もありません。

公的な補助金もないのですが、それでもメンバーの誰かにやめてもらわなければならなくなったことは、一度もありません。

物がなくて困ったこともありません。

マザー・テレサたちは、必要でないものは何も持たないのです。

持ち物と言えば、二枚のサリーと肌着、そして洗濯用のバケツだけです。

修道院には、暖房も冷房もついていません。

シスターたちは、外出するときも、いつも裸足《はだし》にサンダルを履いています。

外出して、食事どころかお茶一杯でさえご馳走になることもありません。

修道院で食事をするときは、貧しい人々が口にできるものを与えられたぶんだけ食べます。

質素で、清貧の生活を毎日続けているのです。

それでも、マザー・テレサとシスターたちは喜びにあふれていました。

なぜでしょうか。

マザー・テレサたちは、物質的に何も執着することがなく、心は自由で豊かに満たされていたからです。

これは、多くの貪欲な金持ちが自分の富に執着し、始終不安で、欲望に悩まされ、心が落ち着かないのと正反対です。

マザー・テレサは言いました。

「男女を問わず、自分のお金をいかに貯《た》めるかで悩んでいる人々は、真の貧者です。もし、自分の手元にあるお金を他人に与えようとするなら、その人は富者、真の意味で豊かな人となれるのです」

神さまは、人のために多く与える人に、より多くの幸せを恵むのです。

今の日本には、この「真の意味で豊かな人」が少なくなったような気がします。

多くの人が物質的には生活するのに十分のものを持ちながら、心が満たされていません。

もっと多く、もっと高くと望み、決して満足することはありません。

マザー・テレサは、二千年前、馬小屋で貧しく誕生したイエス・キリストになっていました。

イエス・キリストは、何も持たず、最低の場所で、この世に生まれたのです。

しかし、けっして不幸ではありませんでした。

すぐかたわらには、誰よりも自分を愛してくれる母マリアと父ヨセフがいました。

あの馬小屋は貧しくても、世界中でもっとも豊かで幸福な場所だったのかもしれません。

マザー・テレサの心の中には、そのイエス・キリストの姿があります。

何も持たず自分を与えるために生まれたイエス・キリストのように、マザー・テレサも日々自分を与えることによって豊かな心を育んでいたのです。

＊神は私を愛してくださっている

オーストラリアでのことです。

メルボルンの街の通りから、シスターたちは一人の男性を「あわれみの家」に連れてきました。

彼は重度のアルコール依存症でした。

シスターが彼に優しくふれ、誠意をこめて世話をしてくれたのがわかったのでしょう。

突然、彼はこう叫びました。

「神は私を愛してくださっている！」

数週間後、すっかり症状も落ち着いた彼は、「あわれみの家」を出ていきました。

彼は、それから二度とアルコールを口にすることはありませんでした。

自分の家族と子どもが待つ家に戻り、自分自身の仕事に復帰できたのです。

最初の給料をもらったときにシスターを訪ね、その給料を差し出して彼はこう言いました。

「私にとってあなたたちは、神の愛そのものでした。他の貧しい人々にとっても同じ神の愛であってください」

マザー・テレサたちは、貧しい人々に奉仕しますが、それはキリストに仕えているのと同じことなのです。

マザー・テレサは繰り返し言いました。

「私たちはソーシャルワーカーではありません。私たちは慈善事業をしているのではなく、目の前のイエス・キリストに仕えているのです」

マザー・テレサもシスターたちも、一日中、イエス・キリストとともにいて、イエス・キリストと語り、イエス・キリストに仕えていたのです。

世間の真只中《まっただなか》で、仕事という祈りをしているのです。

イエス・キリストは、あなたがたに新しい教えを与えると断り、こう言いました。

互いに愛し合いなさい。わたしがあなたがたを愛したように、あなたがたも互いに愛し合いなさい。互いに愛し合うならば、それによってあなたがたがわたしの弟子であることを、皆が知るようになる。

（ヨハネ13・34―35）

二千年も前の言葉ですが、これは今でも新しい言葉です。

なぜなら、人間が人間を愛することは二千年たっても進歩はなく、いつの時代にもこの言葉は新しい掟《おきて》として人の心に響くからです。

愛するとは、甘い言葉ではなくおこないです。うわついた感情ではなく、痛みをともなう意志と努力です。

マザー・テレサは、おこないによって人を愛しました。自分を捧げることによって他人を愛しました。

彼女は、イエス・キリストが自分を愛してくれたように、ほかの人を愛するように努力したのです。

＊スチュワーデスを手伝わせてください

マザー・テレサは、しょっちゅうインド国内を移動していました。政府発行の国鉄パスを持ってはいたのですが、コルカタから遠くニューデリーやムンバイに行くのには汽車だと二日がかりの旅になります。

マザーは、浪費が嫌いなので、なんとか飛行機に安く乗れる方法はないかと一所懸命に考えました。

浮かんだアイディアが、自分がスチュワーデスになって、飛行機の中で働かせてもらうということでした。

さっそく航空会社にかけあいました。

「目的地に着くまでの間、機内で私にスチュワーデスを手伝わせてください」

たぶん飛行機の中でじっとしているよりも、少しでも人の役に立ちたいという気持ちもあったのでしょう。

しかし、そう言われても、さすがに航空会社の人も困りました。

結局、丁重に断られましたが、おかげでマザー・テレサの国内線航空運賃はすべて無料になりました。

また、国際線の飛行機では、こんな話があります。

国際線では、よく手のつけられていない機内食がたくさん余ります。余った機内食のほとんどは捨てられていました。ある便がキャンセルになったり遅れたりすると、数百個の機内食が無駄になることもありました。

それに目をつけたマザーは、航空会社と交渉してこれらを「子どもの家」に払い下げてもらうことにしたのです。

孤児たちが喜んだのは、言うまでもありません。

そのうち、国際線だけでなく、インドの国内線でもそうなりました。ですから、飛行機に遅れがでると乗務員や乗客が「おい、マザーのところの孤児たちがお祈りしているから、今日も遅れたよ」というジョークがとぶくらいになっています。

この二つのエピソードは、マザー・テレサの実際的な特質をよく表しています。マザー・テレサは、飛行機に乗っている間、いつもたぶんお祈りをしていたのだと思います。

祈りの中で、どうすれば航空運賃を安くしてもらえるか、また「子どもの家」の子どもたちに食べさせるものをどうやって確保するか、考えていたのでしょう。祈って、思いついたことをマザーは、すぐに実行します。

それが、ほかの人の目には突拍子もないアイディアであっても、マザー・テレサは少しも恥ずかしくないし、恐れももちません。

そのアイディアは自分のためではなく、神さまや多くの人々のためになるとの確信があるからです。

＊戦火のベイルートでの救出劇

一九八二年夏、マザー・テレサが戦火のベイルートを訪ねたときのことです。マザーは、「子どもの家」に収容されている四十人の障害児たちが、砲弾が飛び交う場所にまだ取り残されていることを知りました。

「何ということです。何がなんでも、あの子たちを救出します！」

そう言い出したマザー・テレサを地元の神父たちは、必死に引き止めようとしました。

自分たちも、助けにいきたいのはやまやまだが、とても危険で近寄れない。それにこのような状況下では、自動車を運転してくれる人を確保することさえむずかしい。みすみす死ぬような場所に運転していく人などいない、との理由からです。

ところが、マザー・テレサは頑として聞き入れませんでした。

「私がコルカタで最初に、死にかかっている人を助け出し、病院に運んだときも命がけでした。誰も、理解してくれませんでした。

ヒンズー教の聖地カーリー寺院に『死を待つ人の家』を開設したときも、反対運動にあって殺すぞと脅されました。

今まで一度だって命がけでなかったことはないのです。そうでなければ、道は開けません。それが神さまの願われていることならば、必ず道は開けるのです。どうか救出させてください」

関係者はその気迫に押されて、しぶしぶ言いました。

「もしこの戦争が一時的にでも休戦状態になれば許可します。しかし、そんなことはありえないでしょうが……」

「いいえ、神におできにならないことはありません。必ず休戦します」

翌日、不思議にも突然の休戦宣言が両陣営から下されました。

こうして、みなの必死の祈りによって、四十人の障害のある子どもたちは無事、戦場から救出されたのです。

マザー・テレサのこの奇跡的な救出劇には、彼女の行動原理が集約されています。

彼女は、行動するとき、今自分に与えることのできる最良のものを惜しげもなく捧げるのです。

また、その際、たとえ障害があり、命の危険があったとしても、神さまが望まれることなのだから必ずうまくいくという確信が、マザー・テレサにはあるのです。

それは、このようなせっぱつまった危機的な状況だけのことではなく、日常的な営みの中にも見られました。

彼女はどんなに小さなことであれ、いつも自分のできるだけの愛をこめておこなっていました。

毎日毎日、各瞬間に自分自身の全部を捧げようと念じつつ仕事をしていました。

日々、小さなことに惜しみない愛をこめておこなっていたからこそ、大きなことにおいても命をかけて行動することができたのです。

第3章 マザー・テレサの言葉に愛を学ぶ

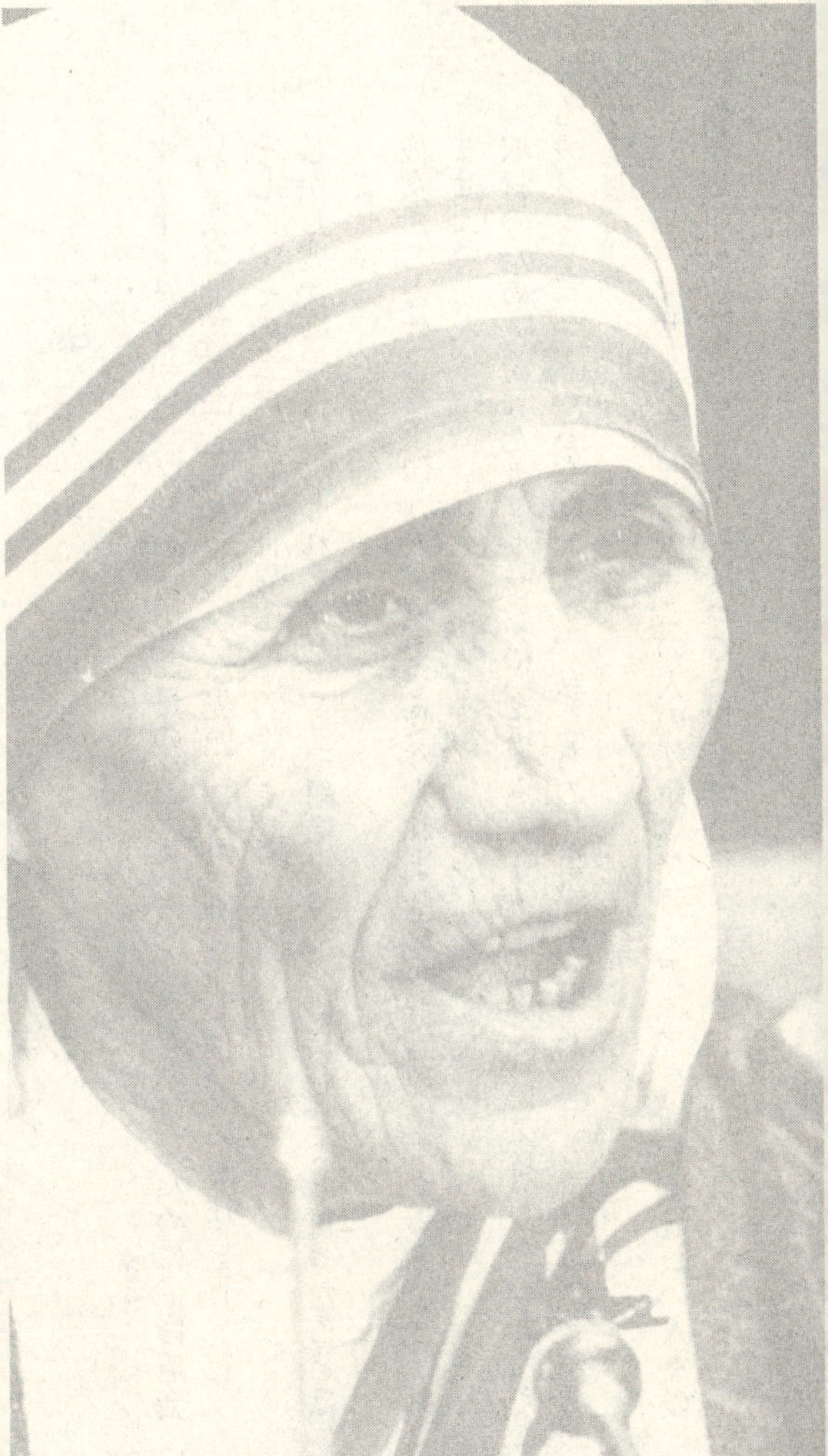

＊小さなことに誠実に

マザー・テレサは、インドにいた目の前の貧しい人々を助けるために、修道会「神の愛の宣教者会」を設立し、自ら先頭に立って献身的に人々に奉仕しました。

そして、その会の活動は世界中に広がりました。

しかし彼女は、人に、それと同じような組織をつくって活動せよと言ったことはありません。

彼女たちの仕事を手伝う人を喜んで受け入れましたが、無理にすすめることはありませんでした。

取材のために訪れたカメラマンに、ほかのシスターが、軽い気持ちで、「あなたもカメラを持っているだけでなく、私たちの仕事を手伝ったら」と言ったことがありました。

しかし、マザー・テレサは、「この人の使命はマスメディアを通して貧しい人々の存在を知らせることです」と言ってたしなめたそうです。

人には、それぞれ神さまからいただいた使命があり、神さまが望まれる道は違います。

そのことを説明するために、たとえば、結婚を例にとってみるとわかりやすいかもしれません。

マザー・テレサ自身は、結婚をしないで修道女となり、しかも新しい修道会を創設するという困難なみ旨《むね》に従いました。

けれども、自分とは違う生き方の人を、けっして軽んじていたわけではありません。

むしろマザーは、結婚してあたたかな家庭をもつことはすばらしいことだと思っていました。

結婚は、夫婦が互いに助け合い、子どもを産み育てていき、次代に愛をつなぐ大切な営みです。

多くの人が、神さまから望まれていることでもあります。

また、結婚した人は、家庭や一般社会の中で、自分にできる仕事をもち、その仕事を通して、家族やまわりの人々に仕え、幸福をもたらすことができます。

ところで、一般社会でそのように生きようとする私たちに、マザー・テレサが何度も繰り返し言ったことは、次のようなことです。

「身近な小さなことに誠実になり、親切になりなさい。その中にこそ私たちの力が発揮されるのですから」

私たちにできることはいつも小さなことです。

多くの場合、目立たず、誰からも注目されない、平凡なことかもしれません。評価もされず、感謝もされない、ごく日常的なことかもしれません。

しかし、そのような小さなことに愛を注いでいくことで、「わたしたちの力が発揮される」。そうマザー・テレサは考えていたのです。

＊あなたにもできます

マザー・テレサは生存中、「私を聖人として祭りあげてほしくない。私は神さまの道具にすぎない」と言いました。

このような態度と言葉は、まさに聖人たちの特徴です。

聖人たちは、とても謙遜《けんそん》です。

自分を偉い人間だとも、優れた者だとも思っていません。

むしろ、自分は弱く、どんな罪をも犯しうる者だと心の底から自覚しています。

マザー・テレサもそうでした。

「自分は神の手の中にある鉛筆のようだ」とよく言いました。

自分一人では何も書けない、何もできないけれど、神さまがもちいてくだされば、何かが書ける、何かができると考えていました。

エネルギッシュな活動や命がけの勇敢な行動ができたとしても、それは弱い自分に頼らないからできるのだと思っていました。

ですから、彼女は私たちにも言うのです。

「この私にできたのですから、あなたにもできます」

私たちは彼女の外面的なことを見て、あんな立派なことはとてもできないと思ってしまいます。

彼女は貧しい人々を助けるために、自ら貧しい者となって、貧民街に行き、まったくの無報酬で働きました。ときには文字通り命がけでした。

そういう生活と活動を、天に召されるまで五十年近くも続けてきました。

それだけ見れば、多くの人は自分とマザー・テレサがあまりにもかけはなれていると考えてしまうでしょう。

あまりにも偉大な彼女から学べるものが見つからなくなってしまうかもしれません。

でも、彼女が「あなたにもできます」と言ったのは、「この私のした通りまねをしなさい、あなたにもできます」という意味ではありません。

「こんな私でも神さまの道具となれたのです。あなたにもできます」という意味です。

私も弱かったのです。でも、できました。ですから、あなたにもできます。

あなたも、身近な小さなよいことが、きっとできます。

神さまに助けられながら、あなたのやり方で、きっとできます。

そういう意味ではないでしょうか。

マザー・テレサは言いました。

「あなたがたは、わざわざコルカタにまでやってきてボランティアをする必要はないんです。あなたの街に独りっきりでさびしく暮らしているお年寄りがいらっしゃるでしょう。

目が悪くて、手紙を書くのに困っていらっしゃる人、体がきつくてスーパーに買い物に行くのもおっくうな人がいらっしゃるでしょう。

そういうかたに親切にして差しあげなさい。それがコルカタにやってくるよりも尊いことです。日々の足元を忘れないでね」

＊ほほえみなさい

マザー・テレサは、どんな仕事でも喜んでやり、誰に対してもほほえみをもって接しました。

そしてほかの人にも、ほほえみをもってすべてを受け入れ、まわりの人にほほえみかけるようにとすすめていました。

ほほえみが及ぼす効果には、計り知れないものがあります。

ほほえみは、悲しむ人の心を癒し、喜びの光を与えます。

ほほえみは、社会の中に友情を育て、家庭の中に幸福をもたらします。

ほほえみを生み出すのにさほど時間はかかりませんが、もらった人は、生涯忘れ得ぬ記憶を持ち続けることもあります。

ほほえみを与えても私たちからは何も減ることはありませんが、もらった人を限りなく豊かにするのです。

マザーは、ほほえみについて、次のような言葉で私たちに大切なことを教えてくれたことがあります。

「平和はほほえみから始まります。笑顔なんかとても向けられないと思う人に、一日五回はほほえみなさい。平和のためにそうするのです。神の平和を輝かせ、神の光をともして、世界中のすべての人々から、あらゆる苦しみや憎しみや、権力への執着を消し去りましょう」

誰かにほほえみかけることは、小さな、本当に小さなことです。

しかし、「笑顔なんかとても向けられない人」にほほえもうとするのなら、誰にとってもむずかしいことだと言わざるを得ません。しかも、一日五回も……。

そのむずかしいことをあえてするように、マザーは言っているのです。

なぜなら、そのほほえみは人々に平和をもたらすことができるものだからです。まわりの人に平和をもたらすほほえみは、わずかなりとも愛がなくてはできないことをマザーは知っていました。

ときには、自分が傷つくくらいの愛が必要なこともよくわかっていました。マザーは、そのような愛のこもったほほえみを自ら実践し、人にもすすめていたのです。

わずかなまなざしにも、ちょっとしたほほえみにも、精一杯の愛をこめるのだと自らのおこないと言葉で教えていたのです。

また、特に身近な人に対してほほえみかけるようにと、次のように教えてくれたこともあります。

「いっしょに住んでいたり、または血のつながった親族といった人たちにほほえみをかけることは、あまり親しくない人々に対してほほえみかけるよりもむずかしいときがあるものです。『愛は近きより』ということを忘れないようにしましょう」

*大切なのは、どれだけ心をこめたかです

マザー・テレサは、自分のしていることは大海の一滴のように小さなことだと思っていました。

活動を始めたときには、たった一人でした。捨て身でコルカタの貧民街に飛びこみ、病気の人を介抱したり、子どもたちに勉強を教えたりして一日を終えると、へとへとに疲れ、自分の部屋に戻るとむなしさと孤独を感じることもありました。

自分のしていることなど、この広い大海原のような貧困の中では、取るに足りないことのように思えました。

しかしマザー・テレサは、その取るに足りないような小さなことを根気よく続けました。

それを神さまが望まれていると感じていたからです。

神さまは、もともと人間に大きなことを望んでいません。

神さまから見れば、人間のすることは、どれも小さなことばかりです。

大小にこだわるのは、人間だけです。

神さまにとっては、すべてが、この地球でさえも小さいのですから、人間の目から見た大小の違いは問題になりません。

では、人間のおこないを見て、神さまがもっとも関心があり、価値をおいているのは何でしょうか。

それは、人が何をしたかということより、どのような心をもってしたのかということです。

マザー・テレサたちの活動は、後に世界中の人々から称賛され、さまざまな賞を受けますが、マザー・テレサは人からほめてもらうために活動してきたわけではありません。

人からどのような評価を受けるかは、マザー・テレサにはどうでもよいことでした。

むしろマザーは、自分がほめられたり、聖人扱いされたりするのを嫌いました。

自分への称賛は、神さまに仕え愛するために何の役にも立たないばかりか、邪魔にさえなると考えていました。

本当は、すべての賞の受賞を辞退したかったし、マスコミからの取材も断りたかったのです。

しかし、それらを通して神さまが、貧しい人々の存在を知らしめようとしていると思い、神のみ旨として受け入れたのです。

いくら人が自分を称賛しても、自分のしていることは小さなことだと思っていました。

ただ彼女は、その日々の小さなことに、自分が傷つくまでの大きな愛をこめようとしてきたのです。

マザー・テレサは、私たちにも言います。

「大切なのは、どれだけたくさんのことや偉大なことをしたかではなく、どれだけ心をこめたかです」

＊晩餐会《ばんさんかい》は不要です

マザー・テレサは、一九七九年にノーベル平和賞を受賞してからは、世界中のメディアが注目する有名人となりました。

ノーベル平和賞の授賞式に、彼女は修道服とセーター、裸足にサンダルという、普段とかわらない格好で臨みました。

授賞式後、報道陣に囲まれたマザーは、いつものようにやさしいほほえみを浮かべながら心境を述べました。

「私個人はノーベル平和賞に値するとは思いません。でも、誰からも見捨てられ、愛に飢え、死に瀕している世界のもっとも貧しい人々にかわって賞を受けました。私には、受賞後の晩餐会は不要です。どうか、その費用を貧しい人たちのためにお使いください。私に与えられるのは祈りの場だけでしかないのですから……」

その後も、次々と贈られてくる賞は自分に相応《ふさわ》しいものだとは思えなかったし、望んでいたものでもなかったのです。

彼女が望んでいたのは、ただ貧しい人々を助けたいということだけでした。マザー・テレサがノーベル平和賞を受賞したことによって、彼女の活動や考えは、一気に世界中に知られることになりました。

日本でも、それまでインドのカトリックの一修道女として、ほとんど見向きもされなかった人が、一晩で脚光を浴び、一躍有名人となりました。

しかしマザー・テレサは、有名人になってマスコミからチヤホヤされたり、国内外の著名人から優遇されるのを好みませんでした。

そのようなことは、常にキリストにならって生きていきたかった彼女にとっては、むしろ犠牲であったのです。

言うまでもなく、彼女は賞をもらうために活動をしていたわけではありません。では、なぜ彼女はノーベル平和賞を受け入れたのでしょうか。

それには、次のような理由があったと思われます。

一、ノーベル平和賞を受けることによって、神の愛の宣教者会の活動が世界の人々に知られ、ひいては世界の隅々で今も苦しんでいる貧しい人たちの存在がより多くの人に知られることになるから。

二、自分の近くにもいる貧しい人、苦しんでいる人の存在を知れば、助けたい、役立ちたいと考えて活動する人が増えることになるから。

三、あらゆる賞の受諾は、神さまのお望みであり、マザーにとっては神さまの望まれることを果たすのが第一の義務であり、望みだったから。

マザー・テレサは、授与された賞金をすべて貧しい人々のために使いましたが、付け加えるとすれば、それも理由の一つでしょう。

彼女が賞を受け入れたのは、より大きな善のためです。

＊あなたが望まれることを話せますように

マザー・テレサは、生前、三度来日しました。

一度目は、一九八一年四月。

二度目は、翌一九八二年四月。

三度目は、一九八四年十一月。

彼女は外見上、とても小さい人でした。

いつもの青い三本線の白いサリーに身を包み、裸足にサンダルでやや背中を丸めて歩く姿は、どこに行ってもかわりません。

国内外の数々の賞を授与されたときも、いつもこのようないでたちでした。

それは彼女の普段着で、それ以外の服を持たず、必要ともしていなかったからです。

彼女は演壇に立つと、原稿なしに、やさしい英語で、心の底から涌《わ》き出るものを率直に語りました。

彼女はスピーチの準備のために、何時間もかけて原稿を書いたり、練習したりすることなどありませんでした。

そんな時間があれば、貧しい人たちが今日の食事をとれるように、今にも死にそうな人がやすらかに最期のときを迎えられるようにと、自分に与えられた時間を使っていたからです。

彼女は、自分のスピーチの出来にはこだわっていませんでした。

神への篤《あつ》い信頼から、話すべき必要なことは神さまが教えてくださるし、自分はその道具になればよいのだと考えていたのです。

そのために、唇に指で小さく十字架をきって、「あなたが望まれることを話せますように」と祈っていたのです。

それでいて、どこでもその話は聴いている人の心に消えがたい印象を残したのです。

彼女の言葉は確信に満ち、聴いている人の心に深く分け入りました。

彼女の話す具体的なエピソードは、聴いている人の心を揺り動かしました。

彼女はいつも、まず最初に、聴衆を祈りへと誘ったものです。

たとえば、次のように。

「ともに祈りましょう。神の愛が私たちとともにありますように。神が私たち一人ひとりを愛しているように、私たちがお互いに愛し合い、特に貧しい人々と愛し合うことができますように」

彼女にとって何かを始めるときに祈るのは、自然なことでした。

一日の始まり、仕事の始まり、人に話をするとき、いつも祈っていました。

祈りによって始まり、祈りによって終えるのが彼女の行動の原理でした。

祈りなしに自分は何もなし得ないと思っていました。

彼女にとって祈りは、そのエネルギッシュな活動の源だったのです。

＊見捨てられること、それはひどい貧しさ

ある日、マザーはほかの修道会のシスターが世話をしている老人たちの施設を訪れました。

それは、イギリスのもっとも先進的な施設の一つで、美しい調度品や高価な設備などで満たされていました。

しかし、入居者の顔には一つの笑顔もありません。

みながみな、ドアの方をながめているのです。

担当のシスターにマザー・テレサは尋ねました。

「どうしてみな、あんなふうなのですか。どうして笑顔がないのですか」

そのシスターは答えました。

「毎日こうなのです。みな、いつも誰かが訪ねてくるのを待っています。さびしさにむしばまれて、来る日も来る日も、見るのをやめないのです。誰も来てはくれないのに」

マザーは言います。

「見捨てられたということは、とてもひどい貧しさです。貧しい人たちは、どこにもいます。もっとも悲しむべき貧しさは、愛されていないということです」

さらに続けて言います。

「私たちがさがし求める貧しい人々は、私たちの近くにいるかもしれませんし、あるいは遠いところに住んでいるかもしれません。

彼らは、物質的に貧しいかもしれませんし、精神的に貧しいかもしれません。パンに飢えているかもしれませんし、友情に飢えているかもしれません。服を必要としているかもしれませんし、神の愛が自分たちに示す豊かさの感覚を必要としているかもしれません。

レンガやセメントでつくられた住まいを求めているかもしれませんし、私たちの心の中にあるべき宿を求めているかもしれないのです」

私たちの身近にも、自分は見捨てられていると感じている人、愛されていないと感じている人はいないでしょうか。

人は一人でいるときに、孤独を感じるのではありません。

あふれるほど大勢の人がいるのに、誰も自分を気づかってもくれず、誰も自分に声をかけてくれないときにこそ、孤独を感じます。

大都会の真ん中で、雑踏で、電車の中で、人は孤独を感じるのです。

みんなが笑っているのに自分は笑えないとき、みんなからバカにされたとき、無視されたときこそ、人は孤独を感じるのです。

自分の存在が何ものでもない、自分を必要としている人が誰もいない、愛されていないと感じるとき、孤独を募らせます。

そのさびしさを声に出して、助けを求めることもできないほど孤独なのです。

そんな人があなたのまわりにいないでしょうか。

＊愛に飢えるのも、飢えです

マザー・テレサは日本でこう語りました。

「飢えとは食物がない、ということではありません。

愛に飢えるのも、飢えです。

老人や身体障害者や精神障害者やたくさんの人が誰からも愛されないでいます。

この人たちは、愛に飢えています。このような飢えはあなたの家庭にもあるかもしれません。

家族に老人がいるかもしれません。病人がいるかもしれません。

この人たちにほほえみかけたり、一杯の水をあげたり、いっしょに座ってしばらく話をしたりすることで、あなたは神への愛を示すことができるのです。

日本のような豊かな国にも、このような飢えを感じている人がたくさんいます。

人間の愛とはどんなものか忘れてしまった人たちがたくさんいます。

誰も愛してくれる人がいないからです。

ですから、さっそく実行しましょう。愛の喜びを周囲の人々にあげるように。

まず家庭で、それから隣近所の人々へ。

あなたのクラスで隣に座っている人がさびしく感じているかもしれません。

これが飢えです。その人にほほえんでください。

あなたの隣の子は、あなたほど、勉強ができないかもしれません。

これが飢えです。助けてあげてください。

このように分かち合うことで、本当に隣人を愛していること、神を愛していることを表せます」

マザー・テレサは、今、世界中に飢えている人がいることを訴えました。

私たちのまわりにも、愛に飢えている人がいるのだと気づかせてくれました。

遠い国に出かけてボランティア活動をするのも大事ですが、自分のまわりの人々に目を向けることも忘れないでおきたいものです。

たとえば、子どもは親にもっと自分を理解してもらいたいと思っています。

しかし、親は、「いい、もうわかった。それより、早く自分のしなければいけないことをしなさい」と言います。

こんなところから親と子の溝ができます。

子どもが本当に聴いてほしいのは言葉ではなく、気持ちです。

自分の悲しくやるせない気持ちを心で受けとめてほしいと思っています。

自分がどれだけがんばったか、でもどうしてできなかったか、その言い訳も聴いてほしいのです。

愚痴になるけれど、弱音になるけれど、みじめなのは自分でもわかるけれど、親が期待するような子どもにはなれないけれど、そんな自分でも受け入れてほしいと思っています。

とても言葉には素直に言い表せない「飢え」を現代の子どもたちはもっているのです。

＊愛だけが、その苦しみを取り除くことができるのです

「今、世界には、物質的に飢えている国と精神的に飢えている国がある」とマザー・テレサは言いました。

日本は物質的には豊かですが、少なからぬ精神的な飢えがあります。

子どもの問題だけ取り上げても、「いじめ」「不登校」「引きこもり」「非行」「家庭内暴力」「殺傷事件」「自殺」などが、その精神の飢えを物語っています。

子どもたちは、毎日不自由なくご飯を食べ、ゲームやコンピュータなどの機械に囲まれていても、精神的には十分に満たされていないのです。

この子どもたちの問題は、大人社会の反映です。

「子は親の鏡」と言われます。

私たち大人が精神的に満たされていないから、子どもにその影響がもっとも敏感に反映するのです。

マザー・テレサは言いました。

「食べ物ゆえの飢えは、精神的な飢えである愛の飢えよりもずっと取り除きやすいのです。これは、多くの物を持つ国である日本でも、かなり目立つことだろうと思います。

望まれない、愛されない、大切にされない、忘れられたと感じ、誰もほほえみかけてくれず、誰も手を握ってくれない、このような人々は誰からも見捨てられています」

人間は一人では決して生きていけません。

誰かを愛し、誰かから愛されることによって生きていけます。

物質的に豊かな国では、多くの場合、この当たり前のことが隅においやられているのです。

それは現実に、家庭の中でも起こりうることです。

「ぼくは、親から理解されていない。愛されていない」

そう思っている子どもはたくさんいます。

「夫も子どもも、私の気持ちなど少しもわかってくれていない」

そう思っているお母さんもたくさんいます。

「おれが仕事が終わってまっすぐ家に帰りたくないのはなぜか、妻も子どもも、まるでわかっていない」

そう思っているお父さんもたくさんいます。

自分は理解されていない、愛されていない、大切に思われていないと感じ、生きている意味も見出せず、ただ毎日を仕方なく生きている人が大勢います。

このような精神的な貧困は、取り除くのがとてもむずかしいのです。

マザー・テレサは言いました。

「いまや、望まれないこと、愛されないことの方が、ハンセン病や結核やガンなどよりもずっとひどい病です。病気の人々に対しては、薬がありますが、孤独な人々や望まれない人々に対しては、あなたの愛や私の愛だけが、その苦しみを取り除くことができるのです」

＊愛は家庭から始まる

マザー・テレサは、日本の子どもたちに次のような話をしました。

「十字架を見ると、イエスがどれほど私たちを愛してくださっているかがわかります。

イエスは私たちにも同じようにして、つまり犠牲をして、自分が傷つくまで与え、愛するようにと望んでおられます。

この愛はどこから始まるのでしょうか。

それは、家庭です。

愛は、家族がいっしょに祈ることで始まります。

父母、兄弟姉妹とともに祈るときに、私たちの家族は一致しています。

家族が一致しているとは、互いに愛し合っていることを意味しています。

まず家族から、愛することが大切です。

愛は家庭から始まります。

ですから両親に、また先生がたに祈ることを習ってください。

祈れば清い心をもつことができます。

清い心があれば、神があなたを愛しておられるように、あなたも真心から深い喜びをもって神を愛することができます。

なぜなら、心が自由で開かれているからです。

このように祈ることを習うのは大切です。

祈りの結果、信仰が深まり、神が私を愛しておられると信じるようになります。

信仰の実りは愛です。

私も愛さなければならないと感じるようになります。

このように、祈り、信仰、愛、奉仕は家庭の中に立派につながっています。

祈りを信じるようになり、信じれば愛するようになり、愛すれば何かよい行動を起こすようになるのです」

このような話を、マザー・テレサは、日本だけでなく世界中でしました。

彼女は、現代の家族が危機的状況にあるのを知っていました。

先進国では、「離婚の増加」「少子化」「引きこもり」「家庭内暴力」などの問題が深刻化し、一つ屋根の下に住みながら、家族の心はバラバラになってしまいました。

本来、家庭はあたたかく人を包みこむものです。

外に行って疲れて帰ってきて、ふとやすらぎを感じ、「やはり、わが家が一番いいな」と思うものです。

そこには、自分が愛し自分を愛してくれる人がいるからです。

マザー・テレサはそのような家庭で少女時代を過ごしました。

修道女になってからは、修道会が彼女のあたたかな家庭でした。

家庭での愛は、互いに互いの幸福を願うことから始まります。

幸福を願うことは、愛を帯びた祈りとなります。

互いに祈り合う家庭は、愛に満たされるのです。

＊家族とともに祈る

マザー・テレサは、日本の家庭でさまざまな問題が起こり、崩壊が進んでいるのを知ってこう言ったことがあります。

「家庭が崩壊に向かっているのは、日本ばかりではありません。豊かな国ほどその危険にさらされています。それは、人々が祈りの生活を忘れているからです。豊かな国の家庭ほど、よりぜいたくな生活がしたい。もっと楽をしたい。他人よりいい地位につきたい。そういうことに時間をとって、祈ることを忘れたからです。

家族がともに祈るならば、みなに清らかな心が戻ってきます。清らかな心には自然に愛が芽生えてきます。愛が芽生えると、そこには仕え合う心が大きくなって、一致が戻ってきます。

そして、一致のある家庭は崩壊することがありません」

近年、日本人は物質的な豊かさを得たかわりに、心の豊かさを失ってきたと言われます。

ぜいたくな生活、楽な暮らしを求めるために、心を磨り減らすほど働いて、いつも心にゆとりをもてず、ストレスをためている人が増えています。

他人よりわずかでも高い地位につくために、他人と競争し、他人を蹴落《けお》とし、蹴落とされ、本当に心を許せる友達をもたない人が増えています。

物質的な豊かさは、心の豊かさを保証できるものではありません。

むしろ、物質的な豊かさに執着すればするほど、心は荒れはててしまうのです。

私たち日本人は、この豊かな日本にあって自分の心を豊かに育てていくことを忘れてはならないと思います。

マザー・テレサが度々繰り返すように、心の豊かさは、まず家庭の中での祈りにおいて養われます。

あなたのご家庭では、家族がともに祈るということがあるでしょうか。

一日に一度でも、家族が同じ方向を向いて、同じものを見つめ、同じ心で祈ることがあるでしょうか。

子どもが生まれる前、親はどうか無事に生まれますようにと祈ったことでしょう。

子どもをさずかったことに感謝をし、どうか元気に育ちますようにと何度も祈ったことでしょう。

子どもが大きくなった今も、そのような祈りをしているでしょうか。

また、あなたの子どもに、人のために祈ることを教えてきたでしょうか。

＊数には興味がありません

神の愛の宣教者会には、マザー・テレサ国際共労者会という一般の人々の会があり、世界で数万人がこの会に参加しています。

共労者会の人々は、自分の置かれた場所で、自分にできることを通して、マザー・テレサやシスターたちの活動を助けてきました。

彼らは定期的に会合を開き、神の愛の宣教者会のために祈っています。

マザー・テレサは、祈りをたいへん重要に思っていたからです。

自分でもよく祈り、また他人からも祈ってもらうことを必要としていたのです。

共労者会の人々は、施設でシスターたちの手助けをしたり、病人や貧しい子どもたちに必要な衣服や包帯など、物質的なものの提供をしたり、経済的な援助をします。

私の住んでいる長崎県にも共労者会のかたがおられ、毎日祈りをされています。

祈りのほかにも、清掃やアルコール依存症のかたがたの回復へのお手伝いなど、さまざまな活動をされています。

しかし、共労者会の人たちの会合で、マザーは、慈善を実践していくべきところは、まず自分の家庭であることを話してきました。

「まずは、愛と理解ある家庭をもつこと。家族が互いに愛し合えば、きっと幸せになれるはずです」

そして、その次に近所、自分たちの住む地域で、自分のできることを実践していくようにすすめました。

漠然とした世界平和を空想するよりも、一人ひとりが身近な小さなことに誠実に、親切になっていけば、きっとそれが国レベルでのおこないに広がり、やがては世界に奉仕できるようにもなると考えていました。

ただ、マザー・テレサが目指していたのは、事業が拡大することではありません。

彼女は言いました。

「私は数には興味がありません。何人の飢えを救ったかでなく、一人の人の魂を救えればそれでいいのです」

ですから、マザー・テレサは、まず自分の家族にキリストに対するように愛をこめて仕えなさいと言ったのです。

共労者会のかたたちは、マザー・テレサのように毎日貧しい人々のお世話をしているわけではありませんが、同じような気持ちで自分の家族やまわりの人に仕えています。

目の前の人に愛をこめて誠実に、親切に接すること。

それを日々、自分の身近な小さなことで実践すること。

それはマザー・テレサが望んでいたことです。

共労者会の人々は、そのようなことを心がけながら、祈り、しばしば経済的な援助によってマザー・テレサたちの活動を支えています。

マザー・テレサは、金持ちからの有り余っている金銭よりも、ごく普通の人の愛から出る祈りや奉仕、そしてわずかな金品を喜んで受け入れました。

マザー・テレサの仕事は、そのような多くの人の愛によって支えられてきたのです。

＊あなたの中の最良のものを

マザー・テレサは、次の詩のような素晴らしい言葉を残しました。

人は不合理、非論理、利己的です
気にすることなく、人を愛しなさい
あなたが善を行うと、利己的な目的でそれをしたと言われるでしょう
気にすることなく、善を行いなさい
目的を達しようとするとき、邪魔立てする人に出会うでしょう
気にすることなく、やり遂げなさい
善い行いをしても、おそらく次の日には忘れられるでしょう

気にすることなく、し続けなさい
あなたの正直さと誠実さとが、あなたを傷つけるでしょう
気にすることなく正直で、誠実であり続けなさい
あなたが作り上げたものが、壊されるでしょう
気にすることなく、作り続けなさい
助けた相手から、恩知らずの仕打ちを受けるでしょう
気にすることなく、助け続けなさい
あなたの中の最良のものを、世に与えなさい
けり返されるかもしれません
でも気にすることなく、最良のものを与え続けなさい

（ドン・ボスコ社『本当のクリスマス』収録のマザー・テレサの言葉　石川康輔訳）

マザー・テレサは、人間の愚かさや醜《みにく》さを知りつつ、人間を精一杯愛しました。困難や障害があるのを承知のうえで、最後までやり続けました。

自分の小ささと弱さを感じつつ、最良のものを与え続けました。

彼女の支えとなったものは、自分ではありません。

マザー・テレサは、自分のことを考えず、自分自身に頼らない人でした。

彼女の支えとなり、寄りどころとなったのは、常に彼女が信じた神です。

先の詩のような言葉は、実は、祈りの中で神がマザー・テレサに語りかけたものではないでしょうか。

神が彼女に語られたものを、彼女はまず、自分自身を戒めるために言葉にしたのだと思います。

彼女は、イエス・キリストがこれらの言葉通りの人生を送ったことをよく知っていました。

その人生にならって、マザー・テレサも日々、自分の中の最良のものを与えるように努力し続けたのです。

第4章 マザー・テレサの生涯に愛を学ぶ

＊はかない幸福

マザー・テレサは、一九一〇年八月二十六日、旧ユーゴスラビアの古都スコピエで、ボヤジュー夫妻の三番目の子どもとして生まれました。

アルバニア人の熱心なカトリック信者であった両親は、翌日の洗礼式で、この子をアグネス・ゴンジャ・ボヤジューと名づけました。

アグネスとはキリスト教初代教会の殉教者、ゴンジャは「花のつぼみ」を意味しました。

父ニコラは、手広く建設請負業と食料品輸入業を営む実業家で、家庭は豊かでした。

母ドラナは、信仰篤い女性でした。貧しい人々への奉仕活動にも積極的で、気の毒な人がいると自宅にまで引き取って世話をすることもあったそうです。

夫婦仲も、とても良かったといいます。妻は夫が帰宅するころになると、髪を整え、身支度にも怠りなく気を配ったそうです。

この両親のもとで、長女アガタ、長男ラザロとともにアグネスは、幸福な家庭生活を送っていました。

ところが、アグネスが九歳のとき、突然この一家に不幸が襲いかかります。

父が四十五歳の若さで急死してしまったのです。

朝はとても元気に出かけていったのに、突然、血を吐き、かえらぬ人となりました。

まわりの人はその死に釈然としないものを感じ、毒殺の疑いさえもったといいます。

さらに、父の死を契機に、ボヤジュー家の資産は共同経営者に横領されてしまいます。

豊かだったボヤジュー家に残された財産は、住む家だけというありさまになりました。

幸福は、わずか一日で暗転してしまったのです。

恐らく、九歳のアグネスの胸には、この世での幸福がいかにはかないものであるかが刻まれたことでしょう。

アグネスがのちに、永遠にかわらない幸福を神の愛に求めるようになったのも、けっしてこの体験と無縁ではないのです。

成人してからも、彼女には、この世の現実を見る目と、この世が終わったあとの世界を見ようとする目がありました。

しかし、彼女は、この世の現実を深刻なものと受けとめながらも、その悲惨な状態から逃げようとはしませんでした。むしろ誰もが目をつむり、自分とは無関係だと済ませてきた問題に、自分から立ち向かっていったのです。

インドの貧しい人々の生活の問題、飢餓や病気を抱え、路上で死に絶えていく人々の問題、誰からも顧みられることなく見捨てられたように生活している世界中の精神的に満たされない人々の問題などに、自分のできることを精一杯果たしてきました。

彼女は、この世での生活が幸福なものになるようにたくさんの人々を助けてきました。

しかし、同時に彼女は、この世の幸福は一時的なものだと知っていました。

その始まりは、父親の死による家族の幸福の暗転にあったと思われます。

この世の幸福のはかなさを悟っていたからこそ、永遠にかわらない天国の幸福を察知することができたのです。

＊母親の模範

最愛の夫を失った母ドラナは絶望に沈みました。

何カ月もの間、十五歳の長女に頼りきりの家庭生活を送ることになります。

しかし、やがてドラナは悲しみの中から立ち直り、困難にもめげず、子どもたちを養うべく奮闘し始めるのです。

刺繍《ししゅう》製品を扱う仕事を始め、眠っていた商才を発揮させます。

失意のどん底から立ち上がり、雄々しく道を切り開いていく母の姿は、幼いアグネスの脳裏にしっかりと焼きついたことでしょう。

後年、マザー・テレサは母ドラナについてこう語っています。

「私は母との絆《きずな》をとても強く感じています。母はとても徳の高い人でした。母は、神を愛すること、隣人を愛することを教えてくれました」

逆境にあってもくじけず、子どもたちを育て守りぬいた母に、アグネスは強い影響を受けたのです。

母ドラナは、末娘のアグネスをいつまでもかたわらにおいておきたかったようです。

そのため、アグネスが後に修道女になることを告げたとき、悲しみに沈み反対しました。

しかし、最後にはこう言ってくれたのです。

「わかりました。行きなさい。しかし、あなたは神とキリストだけに心を捧げるのですよ。それを忘れてはなりません」

後にマザー・テレサとして、多くの仕事を次々と成し遂げていった彼女は、こう回想しています。

「くじけそうになる私の心を救ってくれたのは、母の助言でした。母はよくこう繰り返したものです。『仕事を受け入れるときは、自ら進んで意欲的に受け入れなさい。そうでなければ受け入れてはなりません』」

アグネスは、母の篤い信仰心と強い意志を継いだ子どもでした。

マザー・テレサが後に、世界中の人々から、「マザー」「お母さん」と呼ばれ、慕われたのは、この母ドラナのような愛情が世界中の人々に向けられていたからです。

人々は、マザーのほほえみ、マザーの言葉、マザーのおこないに、母親の愛情を感じていました。

その愛情は、自分を厳しく律し、篤い信仰心と不屈の意志で、子どもたちのために自分自身を捧げる本当の愛でした。

その愛情のもち方、表し方を、マザー・テレサは、母ドラナの言葉と行動の模範から習ったのです。

母ドラナが、絶望の底からいかに立ち上がり、どれほど懸命に日々の目立たぬ仕事をなしてきたかを知る人はもはやいません。

しかし、マザー・テレサの胸の中に生きる母の姿は、テレサが世界中の人々からマザーと言われるようになっても、彼女を勇気づけ、励まし、助けてきました。

母ドラナの生き方が、マザー・テレサを育て、導いたのです。

＊シスター(修道女)になる決心

なぜ、アグネスは修道女になろうと考えたのでしょうか。

貧しい人に献身しようとの考えが芽生えたのは、彼女が十二歳のころでした。

アグネスは姉や兄と同様に、聖心教会に属する小学校に通っていました。

体が弱く病気がちでしたが、読書が好きで明るい性格の子どもでした。

優れた神父や修道女との家族ぐるみの交際があり、幼いころから、聖職者の存在を身近に感じていました。

十二歳のある日、アグネスは、尊敬するヤンブレンコヴィチ神父からとても興味深い話を聞きます。

「私たち宣教師の使命は、世界中にキリストの教えを広めることなんだよ。ユーゴからも、今大勢の宣教師がインドに派遣されているよ」

「どうしてインドに派遣するの?」

「それはね、アグネス。インドには貧しい人がとてもたくさんいて、私たちを待っているからだよ。私たちの役目は、キリストの生命を苦しんでいる人々にもたせてあげることなんだから」

少女は、生まれて初めてインドを意識し、貧しい人たちのために働く召命があるということを知りました。

そして、自分も貧しい人たちの力になりたいと考え始め、自分の一生を神に捧げようという気持ちも芽生えます。

しかし、自分の幸福な家庭を離れてまで、修道女になる決心はなかなかつきません。

十八歳になったとき、少女に生涯の転機が訪れます。

アイルランドにあるロレット修道会が、修道女をインド各地に派遣して宣教にあたっているという話を聞いたのです。

それ以来、彼女は「修道女になるように」という〈内なる声〉を聴くようになります。

それは繰り返され、ついに抵抗できないまでになっていました。

彼女は、行動的であると同時に祈りの人でした。

大人になって、小さな体で繰り広げる活動のエネルギーの源は、いつも祈りでした。

十二歳のときに聞いた貧しい人への奉仕を、彼女は六年間、祈り、考え続けていたのだと私は思います。

祈りは神との対話です。

彼女は、きっと神との語り合いにおいて尋ねていたのです。

「主よ、私もあなたのために貧しい人々の力になりたいと願っています。主よ、私に道をお示しください」

彼女が十八歳になったときに、神さまははっきりとした道を示します。

それは、祈りのうちに彼女の中で次第に大きな声となったのです。

＊ロレット修道会へ

その声は果たして本当に神からの呼びかけなのでしょうか。

もし本当だとしたら、それをどうやって確かめたらよいのでしょうか。

彼女の疑問に、ヤンブレンコヴィチ神父は、「もし、神と隣人に仕えることを喜びと思うなら、それは本当の召命なのだ」と教えます。

こうして彼女は、修道女として神と隣人に仕える道を、喜んで選び取りました。

しかし、家族は賛成しませんでした。

信仰の篤い母でさえ、ショックを受け、二十四時間も部屋に閉じこもったほどです。

もし修道女になったら、家族とは生涯会えないものと覚悟しなければならなかったからです。

当時、アルバニア王の侍従武官を務めていた兄も驚嘆し、「なぜそんな愚かなことをするのか」という手紙を書いてきました。

けれども、アグネスは決心を揺るがせることなく、やや喧嘩腰《けんかごし》に答えています。

「お兄様はご自分が重要な人間だと思っていらっしゃるわ。だって、二百万人もの国民を従える王様にお仕えする身ですもの。私は全世界の王様にお仕えするのです」

魅力的で才能豊かな人が、なぜみすみすこの世での幸福を捨てるような道を選ばなければならないのか、神への信仰がなければ、ふつう理解できません。

「修道女になり、結婚をしないで神に仕える一生を送る」と聞くと、神を知らない人の中には、その人は頭がおかしくなったのではないかと思う人もいます。

神を信じている人でさえ、この世での幸福をあきらめた人だと考えてしまいます。

しかし実際は、その道を選んだ人は、頭がおかしくなったのではありません。

マザー・テレサのように理性的で良心的な判断を下した上で、人生の選択を決定したのです。

そしてまた、この世の幸福をあきらめたのでもありません。

この世で自分も幸福になり、ほかの多くの人々をも幸福にする目的に向かって、積極的に生きていく姿勢を表したのです。

聖職者を目指すとき、家族の無理解が起こりうることを若いアグネスは覚悟していました。

しかし、いかなる反対や無理解も、それが神さまの召し出しに対してであれば、いずれ時が解決することも知っていました。

こうして、アグネスは幸福だった家庭を自らの意志であとにします。

旅立つ前、大好きな母は、「神さまの手に自分を委《ゆだ》ねなさい。そして、神さまとともに歩むように」と祝福してくれました。

しかし、それ以後、母とは生涯二度と会うことはできなくなります。

こうして、アグネスはアイルランドのダブリンにあるロレット修道会に一人向かいます。

「神と隣人に喜んで仕えたい」

燃えるような志だけをもつマザー・テレサ十八歳の秋でした。

＊二人のテレサ

ダブリンでの修練期を経て、念願のインドに到着したアグネスは、誓願をたて、ついに修道女となります。

彼女が選んだ修道名は、マリア・テレサでした。「花のつぼみ」を表すゴンジャという名を捨て、シスター・テレサと呼ばれるようになったのです。

テレサは、ラテン語の訳から、「テレジア」ともいい、二人の聖人を表します。一人は、「大きなテレジア」で、もう一人が「小さなテレジア」です。

「大きなテレジア」は、十六世紀スペインのカルメル会を改革した偉大なる「マリア・テレジア」を指します。

彼女は宗教改革による反対と迫害の嵐の中、新しい修道会を次々と創設していきました。

それに対し、「小さなテレジア」は、「小さき花のテレジア」とも呼ばれ、十九世紀終わりに二十四歳の若さで、祈りのうちに修道院内でひっそりと亡くなった聖人です。

彼女は、神と隣人を愛するために、小さなことを誠実に愛をこめて果たす聖性の道を示した人でした。

若きアグネス・ゴンジャが自分の修道名として選んだのは、この「小さき花のテレジア」でした。

後にマザー・テレサとなってからも、彼女は「私は小さい方のテレジアよ」と強調していたといいます。

小さき花のテレジアには、修道院長の命令によって書いた自叙伝があります。

彼女が帰天すると、すぐに公開され、その霊的レベルの高さから多くの人に感動を呼び、キリスト教諸国で一躍ベストセラーになりました。

その中で彼女が燃えるような思いをつづった次の文章は、そのままマザー・テレサの生き方にもあてはまります。

私の天職、ついに私はそれを見つけました。私の天職、それは愛です。（中略）あなたに私の愛をあかすために、私には花びらを投げるよりほかに方法がありません。それはつまり、どんなに小さなぎせいも、一つのまなざし、一つのことばものがさずに、いちばん小さいことをみな利用して、それらを愛によっておこなうことです。

（ドン・ボスコ社『小さき聖テレジア自叙伝』東京女子跣足カルメル会訳）

マザー・テレサも、小さきテレジアのこの言葉通り、目立たずに生きようとしました。しかし実際には、そのおこないは広く知れわたり、彼女は世界的な有名人になってしまいます。

「大きなテレジア」のように、類稀《たぐいまれ》なる勇気と行動力、そして組織を運営する才にも恵まれていたからです。

マザー・テレサは、この二人のテレサの特長を両方もっている人だったといえるでしょう。

この二人のテレサの行動様式は違いましたが、重要なところで共通点がありました。

それは、愛ゆえに、愛のために神さまの望みの通りに生きようとしたことです。

愛こそが、マザー・テレサの天職だったのです。

＊列車の中で聴いた「神の声」

シスター・テレサは、コルカタ郊外にあるロレット修道会が経営する女子高校の教師になりました。

ここで、その後の二十年間、教師として多忙な毎日を送りました。教えたのは、地理と歴史です。

もともと、人に教えるのが好きな彼女にとって、教師は楽しくやりがいのある仕事でした。

授業はわかりやすいと好評で、生徒には慕われました。最後の数年間は、校長職まで務めています。

しかしシスター・テレサは、心の中ではものたりない何かを感じ始めていました。

シスター・テレサの働く高校はコルカタにあるものの、高い塀に囲まれていて、外とは別世界のような静けさを保っていました。

ところが塀の外では、第二次世界大戦の影響、ヒンズー教徒とイスラム教徒との間に起きた暴動など、深刻な問題が次々と起こっていたのです。

街には、飢饉《ききん》によって飢えた人があふれかえっていました。

路上に行き倒れている老人たち、ゴミ箱に捨てられた赤ん坊、手足を奪われた子ども、身寄りのない子ども……貧困と飢えと、そして病におかされた、貧しく孤独な人々の姿がまぶたにくっきりと浮かびます。

助けを求めている声が耳にこびりついています。

一九四六年九月十日、シスター・テレサは、ダージリンにある修道院で黙想するために夜行列車に乗りました。

その列車の中で、彼女は自分の生涯を決定づける「神の声」を聴きます。

「すべてを捧げてスラム街に行き、貧しい人々の中でキリストに仕えなさい」

「神の声」は、思いもよらぬときに、突然聴こえてくることがあります。

使徒聖パウロがそうでした。当時パウロは、サウロという名で、熱心なユダヤ教徒として、キリスト信者を迫害していた人です。

「サウロ、サウロ、なぜ私を迫害するのか」という天からの声を聴いたまさにそのときも、彼はキリスト教徒を捕らえるために、馬を走らせていたのです。

人間にとっては、唐突のように思えても、神さまはその人にとっていちばんよいとき、よい場所を選び、語りかけます。サウロにとって、キリスト教徒を捕らえる直前の馬上がもっともよいとき、よい場所でした。

マザー・テレサにとっては、黙想会に向かう列車の中がもっともよいとき、よい場所でした。

ざわめきの中でマザー・テレサがはっきりと聴いたその声は、彼女に人生の決断を迫るものでした。

黙想会に入り、静かに心をこめて祈る中で、彼女はより明確にそれが神の召し出しだと悟るようになります。

神さまの呼びかけなら、たとえどんなことでも、「はい」と返事をするのが、彼女の生き方でした。

＊貧しい人々の中へ

ロレット修道会を出て、貧しい人々の中に入ることを決意したシスター・テレサは、コルカタの大司教とロレット修道会の責任者だけに、神からの召命があったことを打ち明けます。

汽車の中で聴いた召し出しが、果たして本物かどうか、さっそく大司教の面接がおこなわれました。

その結果、この霊感が確かに神からのものだと確認されます。

しかし、修道院の外に出て活動するには、教皇による特別の許可が必要です。教皇が許可を与えれば、修道女を、たった一人でインドの貧しい街の中に放り出すことになるのです。

熟慮して決断されねばならないことでした。

その間、彼女は自分への召命が下ったことを周囲に隠し、ひたすら祈り続け待ちました。

そして、待ったかいがありました。召命を受けてから二年後、シスター・テレサは大司教を通じて教皇からの許しを得たのです。

一九四八年、八月十六日、シスター・テレサは、たった一人で修道院を出ました。

所持金はわずか五ルピーほど、当時の日本円にして百五十円くらいでした。

その日、シスター・テレサはそれまでの修道服を脱ぎ、白いサリーの修道服を身にまといました。

現在も「神の愛の宣教者会」のシスターたちが着用している、白地に青いストライプの入ったそのサリーは、出発に先立って彼女が地元の市場で買っておいたものでした。

その布地を選んだのは、市場でもっとも安い布だったからです。

まず向かった先は、スラムではなく、パトナという街でした。

そこにある医療宣教修道会で医療看護の勉強をするためでした。

貧しい人を助けるためには、教育だけではダメだというまわりの人のアドバイスに従ったのです。

彼女は、そこで多くのことを吸収し学びました。

当初、これから始める修道会の食事は、貧しい人と同じように米と塩だけにしようと考えていました。

しかし、長年医療看護の仕事をしてきたシスターたちは反対します。

「そんなことをしたら、どんなに元気で若い人だって病気になってしまいます。そうなったら、貧しい人のために働くことなどできません。仕事をするためには、きちんとした食事をとるべきです」

マザー・テレサは、そのアドバイスにも素直に従いました。

後に設立した「神の愛の宣教者会」のシスターたちが元気で働いていられるのも、この教えを忠実に守っているからです。

＊スラムで始めた青空教室

パトナでの四カ月の集中訓練を受け、シスター・テレサはコルカタに戻りました。

いよいよスラムに入って、たった一人で奉仕活動を始めるときがやってきたのです。

彼女は、教育こそがスラムを救う鍵であり、人々を貧困と無知から救う道だという信念をもっていました。

そこでまず、子どもたちの学校を始めることにしました。

机も黒板もない空き地で、まず青空教室を始めたのです。

最初の日、物珍しそうに五人の子どもがやってきました。

テレサは、小枝を拾って地面に文字を書き、簡単な言葉を教えました。

ボロボロの汚れた服を身にまとった裸足の子どもたちは、地面に腰をおろして目をまるくして喜んでくれました。

その青空教室は、スラムの子どもにとって生まれて初めて通う学校だったのです。

しかし、かつて高校の校長まで務めた人にとっては、あまりにもささやかな一歩だったと言えるでしょう。

仲間がいない。助けてくれる人がいない。お金がない。安全の保証もないないないづくしの現実に、不安だけがふくらんでいくようでした。

実際、シスター・テレサはひどい孤独に襲われたこともあります。

当時の日記にはこう書いてあるのです。

「神よ。今日の孤独は、なんと耐えがたいのでしょう。私は耐えられるでしょうか。涙が止まりません。こんなに弱い人間だったなんて。神よ、弱さと闘う勇気をください。私は間違っているのでしょうか」

小さな体に不屈の闘志を秘めていたテレサではありましたが、その一方ではこういう弱さももっていたのです。

彼女も心細さに震える一人の女性にすぎなかったと言えるでしょう。

しかし、彼女は自分の弱さを感じながらも、逃げることなくその弱さと闘い続けました。

その闘いの唯一の武器は、いつも祈りでした。

「神よ、お助けください。弱さと闘う勇気をください」

そして、神さまは、彼女のその真摯《しんし》な祈りに応《こた》えてくれたのです。

スラムの親たちも子どもたちが勉強するのを喜び、青空教室に通う子どもの数も日ごとに増えていきました。

地域の奉仕団体から本や石板が寄付されました。

スラムの人々が手持ちのお金を出し合って、椅子や古い机がプレゼントされました。

また、子どもたちの数が五十人を超えると、タイミングよくも、手助けをしたいと申し出る教師が三人も現れたのです。

学校では、読み書きのほか、子どもたちに体を清潔にすることも教えなければなりません。

ときには、体を池で洗ってやったので、一人ではたいへんだったのです。

こうして、たった一人で始めた小さな活動は、多くの人々の共感を得て広がっていきました。

＊「マザー・テレサ」の誕生

テレサの学校には、毎日のように新しい子どもたちが顔を見せ、その人数はどんどん増えていきました。

また、学校が軌道に乗るとすぐに診療所も開設し、結核患者たちの世話を始めました。

そしてさらに、別の地域でも学校や診療所をつくっていきます。

そんなテレサに、とてもうれしいことが起こりました。

かつてのロレット修道会時代の教え子が、シスター・テレサを慕って彼女のもとへ集まり始めたのです。

最初にやってきた生徒は、スバシニ・ダス。インドの上流階級に属する娘でした。

彼女はテレサの顔をなつかしそうにながめ、緊張した面持《おももち》でこう言ったのです。

「シスター・テレサ、私をあなたの仲間に加えてください」

テレサは胸の鼓動が高鳴るのを感じました。

「厳しい生活になりますよ。覚悟はできていますか?」

「はい、その覚悟はできています」

彼女は母親の反対を押し切ってまで、自分のすべてを捧げるつもりで訪れたのです。

「イエスさまがあなたを送ってくださったのだわ！　あなたの手を通して、主イエスが人々への愛を示してくださるのよ」

彼女はその後、修道名をシスター・アグネスと命名され、その後五十年近くマザー・テレサのかたわらで仕事をするようになります。

スバシニ・ダスのうわさは広まり、テレサのもとに、また一人、また一人と仲間が増えていきました。みんな、かつての教え子でした。

彼女たちは良家の子女でありながら、神にすべてを捧げたいと望み、貧しい人々に奉仕しようと決心していました。

それまで着ていた高価なサリーを脱ぎ、代わりに粗末なサリーを着ることになりました。

また、食べたい物を食べたいだけ食べられる生活から、貧しい人が食べるのと同じ最低限の食事を与えられたぶんだけ口にする生活になりました。

想像してみてください。若い女性にとって、そのような生活がけっして生やさしいものではないことがわかるでしょう。

しかし、彼女たちは喜んで受け入れる覚悟をもってやってきたのです。

「私は生徒たちに、貧しい人たちを救うという愛の心と行動力をもつように教えてきました。それが実を結んだのだと思うと、うれしくて……」

テレサは心から喜び、神に感謝を捧げました。

こうして、次々とやってくる少女たちで、借りていた家はあっという間にいっぱいになりました。そして、一人ぼっちだったシスター・テレサは、にぎやかな少女たちに囲まれ、母親のような存在になっていきます。

一九五〇年十月七日、わずか十二人のシスターしかいないテレサの共同体は、ローマ教皇から修道会「神の愛の宣教者会」として認められたのです。

創立者であるシスター・テレサは、この日から「マザー・テレサ」と呼ばれるようになりました。

＊マザー・テレサの魅力

マザー・テレサに初めて会った人は、誰もが忘れがたい印象をもちました。彼女に会えた幸運に感謝し、再び会いたいと願わせる何かを感じました。

彼女は、見た目には身長百五十センチメートルほどの小柄なおばあちゃんでした。

裸足にサンダルを履き、市場でもっとも安い布地を使ったサリーを身にまとい、背を丸めて歩く一修道女でした。

もちろん化粧もしていないし、高価な物も携帯していません。

そのような外見の彼女に、人を引きつけるいったいどんな秘密があったのでしょうか。

それは、外見上の特長である彼女のあたたかな表情や愛情に満ちたおこないに理由があったことは言うまでもありません。

しかし、それらは彼女の心から外にあふれでてきたもので、本当の秘密は彼女の内面にあります。

まず、断っておかねばならないのは、彼女が人を自分に引きつけようとは思っていなかったということです。

彼女は、有名になろうとか、まわりの人から称賛を受けようという気持ちは少しももっていませんでした。

むしろ、できるだけ目立たずに過ごすのが彼女の望みでした。

ただ、彼女はいつも神のみ旨を第一に考え、自分の望みよりも神の望みを優先させる人だったのです。

そのため彼女の最大の望みは、神さまの望まれるようにおこなうということでした。

マスコミに関心をもたなかった彼女が、マスメディアを通して、貧しい人々の存在を世界に知らせることを受け入れたのは、それが自分に課せられた神のみ心だと考えていたからです。

彼女は、自分からマスコミに取材を依頼したことはありません。

取材依頼があり、それが神のみ旨であるかどうかを瞬時に判断した上で、受け入れたのです。

マザー・テレサの活動を紹介するテレビ番組を初めて制作し、後に『マザー・テレサすばらしいことを神さまのために』という本を書いたBBC放送のマルコム・マゲッリッジは書いています。

「最初に説明しておかなくてはならないのは、マザー・テレサ伝とか、テレサ研究のようなものはいっさい書いてくれるなという本人からの要望のこと」

その後、続々と出版される自分についての本を彼女は一冊も読まなかったといいます。

そんな時間がなかったということもありますが、自分が人からチヤホヤされることをマザー・テレサは嫌っていたのです。

人から批判されることも、マザー・テレサにとっては、どうでもよいことでした。

自分のことを考えず、ほかの人のことを考える。

自分を愛するよりも、ほかの人を愛する。

マザー・テレサに会った人は、そのような心を彼女の表情にも、言葉にも、おこないにも感じとることができたのです。

第5章 マザー・テレサの祈りに愛を学ぶ

＊神は与えてくださる

神のために働く人々に対して、父である神は必要なものをすべて与えてくださると、マザー・テレサは固く信じていました。

事実いつもそうなったのです。

ニューヨークに施設を開いたとき、テレンス・クック枢機卿《すうききょう》は、マザー・テレサのシスターたちに、毎月生活費を出そうと提案しました。

けれどもマザーたちの活動は、純粋に神への愛からおこなうものですから、生活費を受け取るわけにはいきませんでした。

枢機卿は、ニューヨークで生活するのは経済的にいかに厳しいかを説明しましたが、マザーの方針はかわりません。

マザー・テレサは、経済的なことは神さまに任せ、ただ神さまのみ心をおこなうことに専念したのです。

その結果、一ドルも持たずに合衆国に渡ったのですが、合衆国を離れるときには、非常に多くのものを得ていました。

コルカタでは、インドで何年も事業を続けているイギリスの会社が、貧しい人々のために、たくさんの寄付をしてくれました。

その寄付ですばらしいホームをつくることができたのです。

今、そのホームには、病気の人、死にかけている人が連れてこられています。すばらしい庭に囲まれ、広い空間をもつそのホームは、彼らに安らぎを与えています。

このような寛大な寄付は、神が与えてくださっているのだと、マザー・テレサは考えていました。

聖書にイエス・キリストの次のような言葉があります。

求めなさい。そうすれば、与えられる。探しなさい。そうすれば、見つかる。門をたたきなさい。そうすれば、開かれる。だれでも、求める者は受け、探す者は見つけ、門をたたく者には開かれる。

（ルカ11・9―10）

マザー・テレサは、どうか必要なものを与えてくださるように、いつも神さまに祈り求めていました。

たとえば、神の愛の宣教者会が設立された後、その母体となる建物（マザーハウス）がどうしても必要になりました。

そのためにマザーは神さまに、「聖母マリアにご保護を求める祈り」を、なんと八万五千回唱えるという約束をしました。

そのおかげで、その後間もなく必要な建物が手に入ります。

この世のすべては創造主である神から与えられるものであることは、マザー・テレサにとってゆるぎない確信でした。

自分のためではなく、ほかの人々のためにマザー・テレサは祈り求め続けました。

そして、根気強くあきらめずに祈り求めたから、神さまはいつも与えたのです。

＊パンは届いた

ある日一人のシスターが、マザーのところに来て心配そうな顔で言いました。

「マザー、金曜日と土曜日のぶんのお米がありません。このことをみんなに伝えた方がよろしいですか」

マザーは驚きました。こんなことは今までなかったことです。

このままでは、二万人の人が、空腹のまま二日間、何も口にすることができません。

このようなとき、マザー・テレサのとる態度は決まっています。

神を信頼して、祈るということです。

金曜日の朝九時、不思議なことが起こりました。

予告もなしに、何千個ものパンを積んだトラックが到着したのです。

その日、どういうわけか政府の意向で学校が休校になり、学校に配られるはずのパンが、すべてマザーたちのもとへ運ばれてきたからです。

神を信じない人は、これを偶然だと思うでしょう。

しかし、マザーたちは神を信じていますから、すべての出来事に神の意志を見てとります。

物質的なことについては、マザー・テレサたちは、すべて神の摂理に頼っていました。

摂理とは、人間の知恵では窺《うかが》い知ることがむずかしい神の意志、計画です。

聖書に次のような言葉があります。

自分の命のことで何を食べようか何を飲もうかと、また自分の体のことで何を着ようかと思い悩むな。命は食べ物よりも大切であり、体は衣服よりも大切ではないか。空の鳥をよく見なさい。種も蒔かず、刈り入れもせず、倉に納めもしない。だが、あなたがたの天の父は鳥を養ってくださる。あなたがたは、鳥よりも価値あるものではないか。

（マタイ6・25―26）

マザー・テレサには確信がありました。

神さまは、自分たちを通して、貧しい人々の世話をされようとしている。

自分たちはその神さまの意志にかなった生き方をしているのだから、どんなときでも必ず助けてくださる。そういう確信です。

コルカタで、マザー・テレサたちは毎日二万人以上の人と接していました。シスターたちがその日の食材を調達し、分け与えなければ、食べることができない人たちです。

米がなくなったとき、マザー・テレサたちがしたことは、まず祈ることでした。

「二日分のお米がなければ、大勢の人々がお腹を空かせてしまいます。今、飢えて動けない人もいます。私は食べられなくてもかまいません。どうか貧しい人々に必要な食べ物をお与えください」

このように一所懸命祈り、ほかの人にも祈りを頼んだのだと思います。

神さまはそのような祈りを聞き入れてくださいます。

貧しい人々に対する神の愛は、このようにして表されたのです。

＊一日に何度でも

ある日、パリ大学を卒業した若い女性が、コルカタのマザー・テレサのところにやってきました。

手伝いをしたいと言い、彼女は「死を待つ人の家」で仕事をすることになりました。

その数週間後、マザー・テレサのところに来て言ったのです。

「私は、神を見ました」

「どこで見たのですか」

「『死を待つ人の家』で見ました」

「そして、あなたは何をしたのですか」

「『神を見た』という電報を、両親に打ちました」

彼女は、神を探し求めていたのです。

祈り、探し求めている心に、神は必ず応えられます。

求めなさい。そうすれば、与えられる。探しなさい。そうすれば、見つかる。門をたたきなさい。そうすれば、開かれる。

（ルカ11・9）

と聖書にある通りです。

彼女は、「死を待つ人の家」で見たのです。死を待つ人の心の中に、彼らを世話するシスターたちの心の中に、そして自分自身の心の中に、神を見たのです。

同じものを見ても、大事なことを発見する人としない人がいます。目に映る現象だけを見ている人もいれば、目に見えないものまで感じ取る人もいます。

それは、その人が探し求めていたかどうかの違いによるのでしょう。

ただ漠然とながめるだけでは、ほとんどの場合、大切なものは見えてきません。人は探し求めているものを見つけます。

探し求めているものに出会います。

探し求めるとは、祈りの一方法です。

目に見えない神と出会うためには、祈らなければなりません。

マザー・テレサは語りました。

「一日に何度でも、祈りが必要だと感じたら、祈ることを怠ってはなりません。祈ることで心の器は大きくなり、神からの贈り物を受け入れることができるようになります。

尋ねなさい。求めなさい。

そうすれば、あなたの心は神を受け入れることができるでしょう。あなたのものとして受けとめることができるでしょう。あなたの心が大きくなれば、それができるのです」

もちろん、マザー・テレサも毎日熱心に祈っていました。

毎日祈っていたので、毎日神さまと出会い、神さまにお願いしていました。

もっと人を愛せるように。

もっと人を理解できるように。

もっと人に仕えることができるように。

神さまの助けがなければ何もできないので、祈りがいつも必要だと感じていたのです。

＊マザー・テレサの名刺

マザー・テレサの名刺には次のような言葉が書いてありました。

沈黙の実りは祈り
祈りの実りは信仰
信仰の実りは愛
愛の実りは奉仕
奉仕の実りは平和

彼女は言いました。

「この名刺は人々を考えさせます。受け取った人の中には、手の中にそれをしっかり持って、何回も何回も読む人がいます。そして、説明を求める人がいます。でも、心の平和の中で生まれる祈りからすべてのことは始まるのです」

マザー・テレサは、気さくで冗談も口にする人でしたが、けっしておしゃべりではありませんでした。

あたたかな一言を忘れませんでしたが、沈黙のすばらしさも知っていました。

沈黙を保つことは、孤独に陥ることではありません。

沈黙を保つことは、自分自身と向かい合うことです。

沈黙を保つことは、神さまと出会うことでもあります。

沈黙の中でなら、私たちは自分を見つめ、神を見出すことができます。

沈黙の中でなら、私たちは神が自分に語りかけているのを感じることができます。

沈黙の中でなら、私たちは神に語りかけることができます。

その語り合いは、祈りとなるのです。

私たちの慌しい一日の中にも、静かな沈黙の時間が必要ではないでしょうか。

騒音や興奮の中ではなく、静けさや平安の中でなら、神は見出しやすいのです。

マザー・テレサは言いました。

「祈るためにまず必要なのは、沈黙です。祈る人とは、沈黙の人と言ってよいでしょう」

あるとき、彼女は政治家に向かって言いました。

「政治家たちは、謙虚にひざまずく時間をもっともっと増やさないといけません。そうしたら、今よりきっとよい政治家になると私は信じています」

この言葉があてはまるのは、政治家だけではないでしょう。

教師も警察官も医者もそうです

会社の社長も役員も部下をもつ上司もそうです。

親もそうです。

私たちは、みな、謙虚にひざまずく時間をもたねばならないような気がします。

＊シスターたちの祈り

神の愛の宣教者会では、祈りも食事も仕事も、みながいっしょにおこないます。

コルカタでは、朝は午前四時の起床に始まります。

三十分後、四階建ての修道院二階の聖堂で祈りがおこなわれます。

白いサリーをまとった数十人のシスターとたくさんの修練生、志願者たちが一日の始まりの黙想を捧げます。

聖堂は、一見して簡素です。

部屋は広いのですが、壁には何の装飾もありません。

通りの窓はすべて開けられています。椅子は一脚も置かれていません。

床には粗末なマットが敷かれており、祈るときは、その上にひざまずくか、じかに座るのです。

祭壇奥の正面にはご聖櫃《せいひつ》があり、そこにイエス・キリストのご聖体が安置されています。

さらにその奥の壁には、十字架像がかけられています。下には十字架上でイエス・キリストが発した言葉「わたしは渇く」（ヨハネ19・28）の文字が見えます。

簡素な祭壇の片側には、大きな聖母マリア像が安置してあります。唯一の装飾といえば、像の足元に置かれた花瓶でしょう。そこには小さな花が毎日生けられています。

シスターたちは、床に座ったり、ひざまずいたりして、一人ひとり黙想のときを過ごしています。

マザー・テレサは、いつも祭壇正面の最後の列に座り、一心に祈りを捧げるのでした。

愛のために受難を受け入れ、今も愛に渇いているキリストにまっすぐに向かいます。

祈りは彼女たちの活動の源です。

「神さま、なにとぞ私を、世界中に散らばっている兄弟姉妹、貧しく生き、誰に看取られることなく死んでゆく人々に奉仕するにふさわしい者にしてください。私たちの手を使って、こういう人たちに、今日必要な糧《かて》をお与えください。そして、私たちの愛を使って、平和と幸福を彼らにもたらしてください」

マザー・テレサは活動する前に、まず祈りました。

その活動が神のみ心にかなうものだという確信を、その祈りの中で得ることができました。

祈りは、神との対話です。

「苦しいときの神頼み」のように、困ったときにお願いする祈りもありますが、願いを聞いてくださったときにする感謝の祈りもあります。

しかし、自由に神さまと会話する祈りもあります。

小さな子どもが自分の大好きな父親に話しかけるように、マザー・テレサは神さまに自由に語りかけていました。

祈りによってマザー・テレサは神さまとつきあい、とても親しかったのです。

*ロザリオを持って

朝の勤めが終わると、シスターたちは聖堂を出て、朝食をとります。

メニューは、メリケン粉を焼いたチャパティというパンと野菜の煮込み、それに水です。

食事を終えると食器を片付けます。その後は、洗濯です。

シスターたちの持ち物は、二枚のサリーと肌着、それに洗濯用の一個のバケツ。

そのバケツに手押しポンプで井戸水を汲み、洗濯を始めます。

バシッバシッという、サリーのたたき洗いの音以外はほとんど物音はしません。

シスター一人ひとりの笑顔は朝日に照らされ、静かなあたたかい雰囲気が広がります。

「さあ、みなさん、洗濯が終わったらお仕事お仕事」

マザーはそう言うと自分の仕事部屋にのぼっていきます。

シスターたちも、それぞれの持ち場に向かっていきます。

時刻は午前七時半、マザー・テレサをはじめシスターたちは、それぞれの自分の仕事に出かけていきます。

シスターたちは手に、ロザリオを持っています。

ロザリオは、聖母マリアに捧げる祈りです。

マザーたちはトラックや徒歩で移動する間、外の世界をながめることはまずしません。

必要のないおしゃべりに興じることもありません。

おおむね、このロザリオの祈りを唱えます。

ロザリオの祈りでは、後ほどご紹介する主の祈りに続いて、次の「聖母マリアへの祈り」がおもに唱えられます。

恵みあふれる聖マリア、
主はあなたとともにおられます。
主はあなたを選び、祝福し、
あなたの子イエスも祝福されました。

神の母聖マリア、

罪深いわたしたちのために、
今も、死を迎える時も
祈ってください。アーメン

この祈りが「天使祝詞」とも言われるのは、祈りの前半部分がマリアに出現したときの天使の言葉だからです。

天使ガブリエルは、乙女マリアのもとに神から遣わされ、イエス誕生の次第を告げます。

そのときの祝辞を要約したものが、この祈りの前半部分なのです。

そして、後半部分は教会が聖母マリアへの祈願として付け加えたものです。

ロザリオの祈りでは、数珠《じゅず》のようなものを持って、この「聖母マリアへの祈り」を少なくとも五十回は唱えます。

＊仕事を祈りとする

シスターたちは、午前中の活動を終え、十二時二十分には修道会に戻ってきて昼食をとります。そして、どのシスターも三十分くらいの休憩をとるようにしています。

ずっと立ちっぱなしですから、ここで体を休めるのです。二時までの間に、信仰心を深められるような本を読み、お茶を一杯だけ飲みます。

その後、見習いシスターと志願者はそのまま残って、神学、聖書などについての授業を受けます。ほかのシスターは、また仕事場へ出かけていきます。

六時十五分から六時三十分の間に、みんな帰ってきます。それから、七時三十分まで聖堂でお祈りをします。

七時三十分から夕食をとり、その後の二十分間で、翌日の仕事の準備をします。八時三十分から九時までは、レクリエーションの時間です。

一日中働いてきたからでしょうか、このときばかりは、誰もが非常に高いトーンでおしゃべりをしたり、歌をうたったりします。

九時になったら夜の祈りをおこない、それから翌朝の黙想の準備にとりかかります。

このように、シスターたちの一日は祈りに始まり、祈りに終わります。

仕事も、彼女たちにとっては祈りとなるのです。

彼女たちは、自分の仕事を始める前に、この仕事を通して、神さまのよい道具になれるように祈ります。

仕事の最中も、神さまの現存を保つように努力します。

目の前の貧しい人、傷ついた人、病んだ人がキリストその方であるようにお世話をし、仕えます。

仕事が終わったあとは、神さまに仕事ができたことを感謝し、自分のいたらなさについては素直にわびます。

たぶん、マザー・テレサが教えてくれた次のような祈りをするのでしょう。

主よ、今日一日　貧しい人や病んでいる人を助けるために
私の手をお望みでしたら

今日、私のこの手をお使いください。
主よ、今日一日 友を欲しがる人々を訪れるために
私の足をお望みでしたら
今日、私のこの足をお貸しいたします。

主よ、今日一日 優しい言葉に飢えている人々と語り合うため
私の声をお望みでしたら
今日、私のこの声をお使いください。

主よ、今日一日 人は人であるという理由だけで
どんな人でも愛するために
私のこころをお望みでしたら
今日、私のこのこころをお貸しいたします。

（ドン・ボスコ社『こころの輝き　マザー・テレサの祈り』石川康輔編・訳）

＊痛みと病気を捧げる人々

マザー・テレサたちの活動を援助する国際共労者会の中には、外に出て活動はできないけれど、自分の病気の苦しみや痛みを捧げ、祈っているグループがあります。

もともと国際共労者会は、病気で苦しむジャクリーヌ・ド・デッカーに、マザー・テレサがその苦しみを神の愛の宣教者会のために捧げてほしいと頼んだことから始まりました。

彼女は、病気のために十七回も手術を受けたベルギー人の女性でした。

ジャクリーヌは、マザー・テレサに初めて会ったときから、神の愛の宣教者会に入りたいと希望していました。

しかし、彼女はそのとき、病気で入院しており、二年間インドに滞在していたのですが、病気治療のためにベルギーに戻らなくてはなりませんでした。

ベルギーに帰国してまもなく、マザーは次のような手紙を書きました。

「とてもいい話です。あなたもきっと喜んでくれると思います。精神的な部分で私たちの会に加わりませんか？　私たちが貧民街などで仕事をしているときに、あなたは自分のその苦しみを捧げるのです。そして祈るのです。

やるべき仕事は一つではありません。たくさんの仕事があり、そのために働いてくれる人が必要なのです。あなたのように、私たちの仕事のために祈り、痛みを分かち合う人を、本当に求めているのです。

肉体はベルギーにあっても、心は自由です。インドへ、そして世界に心を運んでください。

主が味わった痛みの大部分を、あなたは同じように味わっているのです。痛みを与えられているあなたは、主にとても愛されているということです。あなたは主に選ばれた人なのですよ。

多くの魂が神のもとに辿り着くことができるように、勇気を出して、そして力強く、そしてあなたのもっているたくさんのものを捧げてください。神の魂にふれることができれば、自分の魂ももっともっと高めていきたくなるでしょう」

ジャクリーヌは、この申し出を喜んで受け入れました。

こうして、病気や痛みを捧げる共労者による会が生まれたのです。

マザー・テレサは、病気や苦しみ、痛みなどは、それを愛のために捧げれば、決して悪いものではないと考えていました。

それも神さまがその人に与えたものです。

病気も痛みも苦しみも、愛するために役立ちます。

自分を高めるために役立ちます。

その人がより幸福となるために役立つのです。

マザー・テレサは、病人にもこの世でできることがあると考えていました。

たとえ手足が不自由な人でも、自分自身を幸福にすることはできるし、ほかの人を幸福にすることもできます。

病気や痛みを受け入れ、捧げるとき、それらは宝もののような価値をもつのです。

＊あなたたちは私の宝なのです

マザー・テレサは、祈りと犠牲によって神の愛の宣教者会を支えてくれているジャクリーヌ・ド・デッカーを、「第二の自分」だと言い、彼女と共労者会のメンバー全員に次のような手紙を送りました。

「あなたたちが神の愛の宣教者会に進んで参加してくれることをうれしく思います。

あなたたち病気や痛みで苦しんでいるすべての人は、私たちが祈るとき、働くとき、そして神のみ心に従って行動するときに、私たちとすべてを共有できるでしょう。……

ご存じのように、私たちの会の目的は、十字架にかかったイエスの霊魂とその愛を求める人々に与えてあげることです。……

あなたたちのように、実際にその体で痛みを味わっている人たち以上の適任者がいるでしょうか。あなたたちの祈り、そして痛みは、私たち働くメンバーの大きな力になるはずです。魂を、そして愛を注ぎこむ杯の役割を果たしてくれるはずです。

あなたたちは、私たちの目的を達成するために、私たちと同じくらい重要で必要な存在なのです。

渇きを癒すために、私たちは愛で満たされた杯でなければなりません。私たちだけでなく、もちろんあなたもそうです。男も女も、子どもも老人も、裕福な人も貧しい人も、すべてその杯にならねばならないのです。……

みなさんが加わってくれて、私は本当に幸せです。この会では、どのシスターも私に属しています。ですからあなたたちも私に属します。仕事がつらくなったときには、いつでも私は神にこう祈ります。あなたたち一人ひとりを思いながら、こう祈ります。

『苦しんでいる私の子どもたちをご覧になってください。そして彼らの愛に対して、祝福してください』と。

この願いはすぐにかなえていただけます。ですから、もうおわかりでしょう。あなたたちは私の宝なのです」

マザー・テレサは、病人や体の不自由な人を役に立たない、何もできない人だとは考えませんでした。

それどころか、その人たちがもつ目には見えない素晴らしい力を信じ、日々助けてもらっていると実感し感謝していました。

病気で苦しんでいる人の肉体的精神的な痛みをともなった祈りには、特別の価値があること。彼らの愛のこもった祈りと犠牲によって神の愛の宣教者の活動は支えられ助けられてきたことをマザー・テレサはよく知っていたのです。

病床で思うように身動きができなくとも、マザーと同じ気高い精神をもち、愛のために病気の苦しみや痛みを祈りによって捧げている人たち。

まさしく彼らはマザー・テレサの宝だったのです。

＊「平和の祈り」

マザー・テレサの修道会のシスターたちが、毎日欠かさず唱える祈りがあります。

その一つは、十三世紀、アッシジの聖フランシスコがつくったと言われる世界的にも有名な「平和の祈り」です。

主よ、貧困と飢えのうちに生き、死んでいく世界じゅうの仲間に仕えるものとならせてください。

わたしたちの手をとおして、今日この人びとに日々のパンを与えてください。わたしたちの理解しようと努める愛によって、平和と喜びをこの人たちにもたらしてください。

（女子パウロ会『マザー・テレサのことば　神さまへのおくりもの』半田基子訳）

神の愛の宣教者会の目的を短く述べたこの祈りの後、「平和の祈り」を彼女たちは唱えます。

神よ　わたしを
あなたの平和のために用いてください。
憎しみのあるところに愛を
争いのあるところに　和解を
分裂のあるところに　一致を
疑いのあるところに　真実を
誤りのあるところに　真理を
絶望のあるところに　希望を
悲しみのあるところに　よろこびを
暗闇《くらやみ》のあるところに　光を
もたらすことができますように
助け導いてください。

神よ　わたしに
慰められることよりも　慰めることを
理解されることよりも　理解することを
愛されることよりも　愛することを
望ませてください。
わたしたちは　与えることによって与えられ
すすんでゆるすことによってゆるされ
人のために死ぬことによって
永遠に生きることができるからです。アーメン

＊完全な祈り

マザー・テレサは、毎朝ミサ聖祭にあずかっていました。

このミサ聖祭こそが彼女の祈りの中心であり、活動の最大のエネルギー源でした。

ミサ聖祭の中で、マザー・テレサはイエス・キリストと固く結ばれました。

その一致のおかげで、貧しい人々と接するとき、彼らの中にイエス・キリストを見ることができました。

「わたしは渇く」という言葉が、「神の愛の宣教者会」の聖堂には掲げられています。

それは、十字架につけられたイエス・キリストが発した言葉です。

「わたしは渇く」とは、喉《のど》の渇きのことではありません。

イエス・キリストは、「愛」に、そして「人々の救い」に渇いていたのです。

マザー・テレサは、特にイエス・キリストの十字架上の犠牲の再現であるこのミサ聖祭において、キリストの渇きを自分のものとすることができました。

マザー・テレサにとって、ミサ聖祭は貧しい人々に奉仕するためになくてはならないものだったのです。

そのミサ聖祭の中で、「主の祈り（主禱文《しゅとうぶん》）」と呼ばれる祈りが唱えられます。

世界中に二十億人以上いるキリスト信者、誰でも知っている祈りです。

実は、この祈りはミサ聖祭の中だけでなく、キリスト信者なら日常的に、一日に何度も唱える祈りとなっています。

「主の祈り」と呼ばれるのは、主イエス・キリストが直接教えた祈りだからです。

イエス・キリストに付き従った最初の使徒たちは、どう祈ったらよいかわからなくて、「祈り方を教えてください」と願いました。

その願いに答えて教えてくれた祈りが、この「主の祈り」だったのです。

天におられるわたしたちの父よ、
み名が聖とされますように。
み国が来ますように。
みこころが天に行われるとおり地にも行われますように。

わたしたちの日ごとの糧を今日もお与えください。

わたしたちの罪をおゆるしください。

わたしたちも人をゆるします。

わたしたちを誘惑におちいらせず、悪からお救いください。アーメン

この祈りは、神であるイエス・キリストが人間に教えた唯一の祈りです。神に対する道、自分に対する道、人に対する道が含まれる完全な祈りだと言われます。

マザー・テレサはこの祈りを一日に何回も唱えました。

マザー・テレサは誰よりも強く神さまの力を必要としていたのです。

＊ミサ聖祭のあとの祈り

神の愛の宣教者たちが唱える特別な祈りがもう一つあります。
それは、「ニューマン枢機卿の祈り」です。

イエスさま、私がどこにいても、
あなたのかおりをはなつことができますように、私を助けてください。
私の心をあなたの霊といのちであふれさせてください。
私の存在に浸み通り私を捕えつくすことによって
私の生活のすべてが、
ひたすらあなたの光をかがやかすものとなりますように。
私をあなたの光をかがやかせるものとしてお使いください。
私が出合うあらゆる人々が、
私の中にあなたのみ姿を感じることができますように、

私のうちでかがやいてください。
主よ、人々がもはや私ではなく、あなただけを見ますように。
私の中におとどまりください。
そうすれば私があなたの光でかがやき、
私の光で他の人々もかがやくことができるのです。
主よ、光はすべてあなたからのもの、
ごく僅《わず》かの光でさえ、私のものではありません。
あなたが私を通して人々を照らしておられるのです。
私の周囲にいる人々を照らすあなたへの賛美を私の唇にのぼらせてください。
言葉でよりも行動で、
私の生き方、あなたから与えられる私のあなたへの愛が、
目に見える光となって、あなたを人々にのべ伝えることができますように。
（ＰＨＰ研究所『マザー・テレサ　愛と祈りのことば』渡辺和子訳）

マザー・テレサはこの祈りをミサ聖祭のすぐあとに唱えていました。
この祈りは、マザー・テレサの行動の指針となっていました。
彼女はこの祈りで願ったように、行動したのです。

マザー・テレサは、目の前の人の中にイエス・キリストの姿を見ることのできた人でしたが、同時に目の前の人にイエス・キリストの現存を感じさせることができる人でした。

人々は、マザー・テレサのほほえみに、あたたかな愛を感じました。

マザー・テレサの言葉に、あふれる愛を感じました。

マザー・テレサのおこないに、惜しみない愛を感じました。

それは、彼女が今日一日を、精一杯の愛をもって、イエス・キリストにならって生きようとしていたからです。

あとがき

春、東京都足立区にある神の愛の宣教者会を訪問させていただいたときのことです。

院長であるインド人のシスターが興味深いことを打ち明けてくださいました。

「私はマザーと一度も個人的に話をしたことはありません。でも、マザーはいつも、私たちの、私のマザーです。私は何かあるといつもマザーに語りかけ相談をします。マザーが天国に行ってから、マザーの存在をもっと身近に感じられるようになりました」

彼女の輝く黒い瞳をみつめながら、私は大きくうなずいたものです。

というのは、私も同じ気持ちだったからです。

マザー・テレサと一度も会話したことはなくとも、この本を書き始める前から現在まで、私も毎日何度も彼女に語りかけ相談をしてきました。

そして、原稿を書きながら、彼女の存在をいつも身近に感じてきたのです。

「マザー・テレサ、あなたに一度も会ったことがない私が書いてもいいですか」

はじめのころの遠慮がちな問いは、いつしか大胆な願いに変わりました。

「マザー、どうか、うまく書けるように助けてください。あなたが日本の人々に伝えたかったことを伝えたいのです。あなたが望まれているように、あなたが書きたかったように、私も『神さまの小さな鉛筆』になれますように」

このような願いに、マザー・テレサはいつものあの包みこむような笑顔で応えてくださったように思えます。

敬愛するマザー・テレサについて書くことは、私にとって彼女と語り、彼女に学べる喜びに満ち充実した営みでした。

その営みを通して生まれたこの本には、やはりマザー・テレサのおこないや言葉があふれています。

ありがたくも、この本を手に取ってくださったみなさまには、マザー・テレサのおこないや言葉から、日々の生活に役立つ何かを学ばれるきっかけとしてくだされればと願っています。

執筆、出版にあたり、ご協力と励ましをくださった多くの方々、殊に、拙著へのご推薦のお言葉まで寄せてくださったノートルダム清心学園理事長渡辺和子シスター、多大なご助力をくださったＰＨＰエディターズ・グループの見目勝美さんには、心より感謝申し上げます。ありがとうございました。

平成十五年秋　　中井俊已

【参考文献】

『聖書』（新共同訳）日本聖書協会
『生命あるすべてのものに』
　マザー・テレサ　講談社現代新書
『マザー・テレサのことば　神さまへのおくりもの』
　マザー・テレサ　半田基子訳　女子パウロ会
『マザー・テレサ　愛のことば』
　いもとようこ絵　女子パウロ会編　女子パウロ会
『マザー・テレサ　日々のことば』
　ジャヤ・チャリハ、エドワード・レ・ジョリー編
　いなますみかこ訳　女子パウロ会
『マザー・テレサ　愛と祈りのことば』
　ホセ・ルイス・ゴンザレス・バラド編　渡辺和子訳
　PHP研究所
『マザー・テレサと神の子　いのち、この尊きもの』
　言葉／マザー・テレサ　写真／小林正典　PHP研究所
『マザー・テレサ　愛のこころ最後の祈り』
　ベッキー・ベネネイト編　アンセルモ・マタイス、
　奥谷俊介訳　主婦の友社
『マザー・テレサ　すばらしいことを神さまのために』
　マルコム・マゲッリッジ著　沢田和夫訳　女子パウロ会
『マザー・テレサの「愛」という仕事』
　ホセ・ルイス・ゴンザレス-バラド、
　ジャネット・N・プレイフット編　山崎康臣訳　青春出版社
『マザー・テレサ語る』
　ルシンダ・ヴァーディ編　猪熊弘子訳　早川書房
『マザー・テレサ　愛を語る』
　ジョルジュ・ゴルレ、ジャン・バルビエ編著
　支倉寿子訳　日本教文社
『マザー・テレサ　愛の軌跡』
　ナヴィン・チャウラ著　三代川律子訳　日本教文社
『マザー・テレサ』
　キャサリン・スピンク著　新島典子訳　近代文芸社
『マザー・テレサへの旅路』神渡良平著　サンマーク文庫
『マザー・テレサ　キリストの渇きを癒すために』
　やなぎやけいこ著　ドン・ボスコ社
『マザー・テレサ　あふれる愛』沖守弘著　講談社文庫
『イエスを愛した女マザー・テレサ「聖女」の真実』
　アンセルモ・マタイス著　現代書林
『マザー・テレサとその世界』千葉茂樹編著　女子パウロ会
『こんにちわ地球家族　マザー・テレサと国際養子』
　千葉茂樹著　女子パウロ会
『10人の聖なる人々』三浦暁子他著　学習研究社
『マザー・テレサへの旅』寮美千子著　学習研究社
『こころの輝き　マザー・テレサの祈り』
　石川康輔編・訳　ドン・ボスコ社
『本当のクリスマス』石川康輔訳　ドン・ボスコ社

この作品は、二〇〇三年十月にPHPエディターズ・グループより刊行された。

著者紹介
中井俊已（なかい　としみ）
1959年、鳥取県生まれ。長崎大学教育学部在学中、ローマにてヨハネ・パウロⅡ世教皇よりカトリック受洗。小・中学校に23年間勤務した後、現在は作家・教育コンサルタント。
著書に、『元気がでる魔法の口ぐせ』『ラッキー！』『ハッピー！』『オッケー！』（以上、ＰＨＰエディターズ・グループ）など多数ある。

人気メルマガ「心の糧・きっとよくなる！ いい言葉」を毎週配信中。
ホームページ http://www.t-nakai.com/ からご登録できます。

ＰＨＰ文庫　マザー・テレサ　愛の花束
身近な小さなことに誠実に、親切に

2007年12月18日　第1版第1刷
2008年12月1日　第1版第4刷

著　者　中　井　俊　已
発行者　江　口　克　彦
発行所　ＰＨＰ研究所
東京本部　〒102-8331　千代田区三番町3番地10
文庫出版部　☎03-3239-6259（編集）
普及一部　☎03-3239-6233（販売）
京都本部　〒601-8411　京都市南区西九条北ノ内町11
PHP INTERFACE　http://www.php.co.jp/
制作協力
組　版　ＰＨＰエディターズ・グループ
印刷所
製本所　凸版印刷株式会社

ISBN978-4-569-66946-5

PHP文庫

赤羽建美　女性が好かれる9つの理由
有吉玉青　がんばらなくても大丈夫
飯田史彦　愛の論理
石田勝正　抱かれる子どもはよい子に育つ
石原結實　血液サラサラで、病気が治る、キレイになれる
市田ひろみ　気くばり上手、きほんの「き」
浦野啓子　「気がきく女」になれる50のルール
大原敬子　なぜか幸せになれる女の習慣
快適生活研究会　「料理」ワザあり事典
加藤諦三　自分に気づく心理学
加藤諦三　心の休ませ方
金盛浦子　少し叱ってたくさんほめて
桐生　操　世界史怖くて不思議なお話
幸運社編　大人のマナー常識513
斎藤茂太　10代の子供のしつけ方
七田　眞　「できる子」の親がしている70の習慣
七田　眞　子どもの知力を伸ばす300の知恵
シルビア・ブラウン　リンジー・ハリソン　堤　江実　訳　あなたに奇跡を起こすスピリチュアル・ノート
菅原万美　お嬢様ルール入門
鈴木秀子　9つの性格

田口ランディ　ミッドナイト・コール
多湖　輝　しつけの知恵
多湖　輝　「がまんできる子」はこう育てる
田島みるく文／絵　お子様ってやつは
田島みるく文／絵　「出産」ってやつは
田辺聖子　女のおっさん箴言集《しんげんしゅう》
ドロシー・ロー・ノルト　レイチャル・ハリス　石井千春　訳　子どもが育つ魔法の言葉
中谷彰宏　「大人の女」のマナー
中谷彰宏　なぜ彼女にオーラを感じるのか
中谷彰宏　運命を変える50の小さな習慣
中山み登り　女が35歳になったら読む本
中山庸子　「からだにいいこと」習慣50
橋口玲子　監修　元気でキレイなからだのつくり方
嬪嶋珠光　なぜか「ヘコまない女」の共通点
平井信義　親がすべきこと・してはいけないこと
平井信義　子どもを叱る前に読む本
廣瀬裕子　カフェデイズ
藤原美智子　「きれい」への77のレッスン
保坂　隆監修　「プチ・ストレス」にさよならする本
保坂　隆監修　「プチ楽天家」になる方法

星野道夫　オーロラの彼方へ
マザー・テレサ　渡辺和子　訳　マザー・テレサ愛と祈りのことば
松原惇子　「いい女」講座
宮部みゆき　初ものがたり
森　荷葉　和風えれがんとマナー講座
八坂裕子　ハートを伝える聞き方、話し方
八坂裕子　頭のいい女、悪い女の話し方
スーザン・ヘイワード編　山川紘矢・亜希子　訳　聖なる知恵の言葉
ブライアン・L・ワイス　山川紘矢・亜希子　訳　前世療法（1）（2）
ブライアン・L・ワイス　山川紘矢・亜希子　訳　魂の伴侶—ソウルメイト
山崎房一　強い子・伸びる子の育て方
山崎房一　子どもを伸ばす魔法のことば
唯川　恵　明日に一歩踏み出すために
唯川　恵　きっとあなたにできること
唯川　恵　わたしのためにできること
佳川奈未　運のいい女、悪い女の習慣
佳川奈未　成功する女、しない女の習慣
渡辺和子　愛をこめて生きる
渡辺和子　目に見えないけれど大切なもの
和田秀樹　女性が元気になる心理学